KB075107

마음 근육을 키우는 하루 10분 인문 독서!

카페에서 만난 서양사상
Western Philosophy read in a cafe

리소정 엮음

리소정 ■ 저술가. 동서양의 고전들을 현대적으로 재해석하며 자기 계발을 위하는 이야기 그를 ... 요약이 이끌어 ... 엮은 책으로 《카페에서 만난 동양철학》 《카페에서 만난 서양사상》 《카페에서 만난 동양고사》 《카페에서 만난 서양고사》 《카페에서 만난 처세보감》 《카페에서 만난 처세의 말》 등이 있다.

마음 근육을 키우는 하루 10분 인문 독서!

카페에서 만난 서양사상

Western Philosophy read in a cafe

contents

제1강
습관은
제2의 천성

통 속의 철학자로 알려진 고대 그리스 큐니크파의 철학자 디오게네스가 한 말로 알려져 있다. 그는 집 대신 통 속에서 생활했는데, 큐니크란 말은 그리스 말의 큐니코스(개와 같은)에서 나온 말이며, 이 말은 견유파(犬儒派)라고 번역되기도 한다. 그들은 세속적인 습관 형식 등을 가치 없는 것으로 경멸하며, 역문명적(逆文明的), 역사회적(逆社會的)인, 말하자면 개와 같은 원시적 생활을 실행했다. '습관은 제2의 천성이다'라는 말은 디오게네스가 했다고 하는데, 습관의 구속력이 얼마나 강하며 무의미한지를 찌른 말이다. 그들에게는 세상에서 자랑스러운 일이나 권위 있는 것들이 웃기는 착각에 불과했다.

일곱 현인의 난제

그리스의 중앙부, 코린트만이 깊숙이 들어앉은 구석진 북편에 키르라 항구가 있다. 거기서 북쪽 언덕을 오르면 높이 솟은 파르낫소스 영봉 기슭에 아폴론의 신역(神域)으로 이름이 높은 델포이에 도착한다. 옛날에는 그리스 전역에서 이곳에 바쳐오는 공물이 끊일 새가 없었으며, 신전에 이르는 도로 양측에는 여러 국가에서 헌납해 온 물건들을 보관하는 창고가 즐비했다.

파우사니아스(2세기 후반의 사람)의 〈그리스 주유기(周遊記)〉에 의하면, 신전 입구에 있는 문간방에는 일곱 현인으로 불리던 사람들의 인생에 대한 금언이 새겨져 있었다고 한다. 일곱 현인이 살고 있던 시대는 기원전 7~6세기였다. 그 금언이란 '너 자신을 알라'와 '무엇이고 도(度)를 넘지 말라'는 두 가지 말이 있었다고 한다.

고대 철학자의 전기를 쓴 디오게네스는 일곱 현인의 한 사람인 탈레스의 전기에서,

"무엇이 가장 어려운 것인가?"

하고 물은즉, 탈레스는,

"자신을 아는 것이 가장 어렵다."

고 대답했다.

탈레스는 별을 보며 걸어가다가 개울에 빠진 일화로 알려진 철인이다.

"가장 쉬운 것은?"

하고 또 물은즉,

"남에게 충고하는 것이다."

라고 하였으며,

"가장 즐거운 일은?"

하는 질문에는,

"목적에 달했을 때."

등등 여러 가지 명언을 토했다고 한다.

한편, '무엇이든 도를 넘지 말라'고 한 말은 역시 일곱 현인의 한 사람으로 아테네의 입법자이던 솔론의 말이며, 그는 늘 중용의 덕을 으뜸으로 삼았다고 한다. 그것은 정치적으로 하나의 중도정책(中道政策)을 의미하며, 어느 쪽으로도 기울지 않는 중립을 표방한 것으로 보인다. 그러나 그것의 어려움을 그도 잘 알고 있었던 모양으로,

"모든 사람에게 좋게 하기란 어렵다."

고 항상 개탄하고 있었다.

아테네는 그 당시 변방의 한 소국에 지나지 않았고, 자원도 빈약하고 국력도 약했다. 그리고 국내에서는 당파싸움이 그칠 새가 없었다고 한다.

솔론에 관한 또 한 가지 재미있는 일이 있다. 솔론은 자식이 먼저 죽자 몹시 슬퍼했다. 그 비탄이 너무 심해 어떤 사람이 위로 겸 간언 비슷하게 말했다.

"울어도 소용없는 일이며, 몸에 해로우니 그만하시오."
라고 했다. 그러자 그는 이렇게 대답했다고 한다.

"그것이 내가 우는 까닭일세. 아무 소용 없다는 것이······"

'나는 언제나 무엇인가 배우며, 나이를 먹어간다'라고 말한 것도 그의 술회의 하나로 전해져 온다.

코끼리와 강아지와의 싸움

기원전 500년경. 페르시아는 동으로 인도 국경에서 서쪽으로 에게해에 미치는 넓은 영토를 차지하고 있는 강대국이었다. 동양에 비유하자면, 한(漢), 당(唐) 두 나라가 강성하던 것과 맞먹는 세력이었다.

이 대제국에 비하면 그리스는 지역적으로도 그리스 반도의 일각을 점유하고 있던 작은 민족에 불과했다. 그나마 통일국가가 아니며, 개개의 도시가 분립하여 독립의 주권을 가지고 있었으나, 그 조그마한 도시 안에 그 당시로서는 동서를 막론하고 세계 어느 곳에서도 볼 수 없었던 놀라울 만한 민주정치가 서 있었으며, 높은 문화가 꽃을 피우고 있었다.

이 무렵, 그리스인의 한 종족 이오니아인은 밀레토스를 비롯하여 사모스 등의 12개의 식민지를 건설하여 많은 그리스인이 이주하여 살고 있었는데, 이 식민지가 원인이 되어 페르시아 대제국과 조그만 그리스 도시국가 간에 충돌이 빚어졌다. 소위 역사상의 페르시아 전쟁이 시작된 것이다.

페르시아는 서쪽으로 그 세력을 뻗쳐 마침내 이오니아 일대도 그 장중에 집어넣었다. 그리스인들은 자유를 존중하고 민주적이었으므로 페르시아의 전제왕권의 중앙집권적 지배에 불만을 품고 반란을 일으켰다. 이 반란은 곧 진압이 되었지만, 페르시아 왕 다리우스 1세는 반란을 조종한 것으로 의심이 되는 아테네를 치려고 군사를 일으켰다. 이 싸움은 코끼리와 강아지와의 싸움으로 생각되었으며, 아테네의 운명은 풍전등화로 보였는데 그 결과는 그렇지 않았다.

아테네는 기원전 6세기 말에 일인주권제(一人主權制)를 타도하고, 오스트라시즘(도편추방제)의 제도를 채택하여 민주적 개혁을 단행하여 민중의 의지가 가장 높았다. 아테네 군대의 정예부대는 밀티아데스의 지휘 아래 페르시아의 대군을 아테네의 교외 마라톤의 벌판에서 맞이하여, 결국 페르시아군을 패주케 했다.

이때 그리스 군의 전령 페이디피데스(Pheidippides)란 병사는 한시라도 바삐 승전 소식을 아테네에 알리기 위해서 22마일의 장거리를 단숨에 뛰어 시내에 도착하여,

"아군이 승리했다!"

라는 한 마디를 남기고 그 자리에 쓰러져 숨졌다.

그리스에서는 이 비장한 고사로 인하여 올림픽 경기 때 그 전령병이 달린 것과 같은 거리를 달리는 경기 종목을 만들고, 그 이름을 마라톤이라 했다. 오늘의 마라톤 경기는 이 전통을 이어받은 것이다.

페르시아의 그리스에 대한 침략의 의도는 그것으로 그치지 않았고, 다리우스의 아들 크레르크네스는 친히 대군을 이끌고 그리스 토벌에 다시 나섰다.

그리스의 사가 헤로도토스에 의하면, 크레르크네스는 구름과

같은 대부대가 헤레스폰드(다다넬스) 해협을 메우며 건너가는 광경을 신기한 듯이 바라보고 있었는데, 갑자기 소리 내어 울음을 터뜨렸다고 한다. 측근 신하가 그 까닭을 물은즉, 왕은 슬픈 얼굴로 대답했다.

"나는 지금 문득 인간의 생명이 얼마나 짧은가를 생각하고 한탄한 것이다. 저같이 많은 군사도 백 년 후에는 한 사람도 살아남지 못할 것이 아닌가?"

크레르크네스의 예언은 오히려 더 빨리 실현되었다. 페르시아 대군은 육지와 해상 두 길로 나뉘어 침투했다. 그리스의 연합군은 델모피레의 험준한 지세를 이용하여 육지 침략군에게 커다란 손해를 입혔는데, 적의 우회 작전으로 불가피하게 후퇴하게 되었다. 이때, 스파르타의 용장 테오니다스가 지휘하는 소부대는 그대로 진지에 남아 본대가 무사히 후퇴할 때까지 마지막 한 사람이 죽을 때까지 적과 싸웠다.

페르시아 전쟁이 끝난 뒤, 그들의 무훈을 찬양하여 그곳에 다음과 같은 시를 새긴 기념비가 세워졌다.

나그네여,
가거든, 라게다이몬(스파르타) 사람에게 말하라.
우리, 명령을 지켜 이곳에 쓰러졌노라고.

델모피레의 험준한 고개를 넘은 페르시아군은 밀물같이 아테네에 쳐들어갔다. 아테네는 육해로 페르시아 군에 포위되어 절체절명의 위기에 놓였다. 그러나 데미스트크레스의 대담한 제안에 따라, 아테네는 전 시민이 시(市)를 떠나 적의 해군과 싸우기 위해 해상에 집결했다. 페르시아 군은 육지에 옥좌를 마련하고 승리를 목전에서 보려고 했으나, 배수진을 친 결사적인 그리스의 함대는 수적으로 훨씬 우세한 페르시아 함대를 산산이 쳐부쉈다. 이것이 세상에 이름이 높은 살라미스 해전이다. 페르시아 군은 사기가 꺾여 퇴로가 끊길까 봐 후퇴하고 말았다. 이리하여 페르시아는 무력에 의한 그리스 정복의 야망을 단념하지 않을 수 없었다.

페르시아 전쟁은 전제국가의 침략에 대해 그리스 도시국가의 자유민이 그 독립과 자유를 수호해 냈다는, 그 후의 유럽 역사에 커다란 영향을 준 역사적인 사건이었다.

솔론의 개혁

아테네는 고대 그리스에 있어서 가장 고도의 민주주의적 도시국가로서 번영하였는데, 이와 같은 민주정치가 자리를 잡기까지는 역시 정치적으로 우여곡절이 많았다.

아테네는 이오니아인이 건설한 폴리스이며, 초기에는 다른 도시국가와 마찬가지로 족장인 왕을 세우고 있었는데, 기원전 7세기경에 이르러서부터는 주로 귀족들이 정치를 지배하는 자리에 앉아 있었다. 즉, 일반 민중과 귀족 계급 간에는 확연한 상하의 구별이 있었다. 그 후 지중해의 교통이 발달하고 상공업과 노예 매매가 번성함에 따라 평민 간에 경제력이 늘어나자, 지주계급인 귀족의 권력이 흔들리기 시작했다.

이같이 귀족과 평민 간에 대립이 생기자, 그 혼란에 편승하여 독재적인 권력을 장악한 소위 참주라는 것이 생겼다. 그들은 대개 명문 출신이었다. 그러나, 그들의 지위는 전제군주와 같이 세습되지는 않았다. 또 크레이스테네스가 오스트라시즘의 제도를 설치함으로써 참주들의 등장을 효과적으로 막아낼 수가 있었다.

한편, 이와 같은 귀족과 평민의 청탁을 받아 조정하는 사람도 있었다. 기원전 6세기 초 아테네에 나타난 솔론은 그 대표적인 인물이며, 그가 단행한 여러 가지 민주적인 개혁은 특히 솔론의 개혁이라고 불리며, 아테네의 민주정치 발달 사상 획기적인 의미를 갖는 것이라고 할 수 있다.

솔론은 우선 민중의 경제적인 고통을 해소하는 한 방편으로, 몸을 담보로 돈을 꾸어 주는 일을 금하고. 일체의 부채를 무효로 돌렸다. 또 종래의 문벌에 의하여 특정 계급 출신만이 참정권이 있던 차별을 없애고, 그 대신 재산이 많고 적음을 기준으로 하여 정치적인 발언권을 정한, 소위 재산정치(財産政治)의 제도를 세웠다. 이것은 더 완전한 민주정치에 접근하는 첫걸음인 셈이었다.

그러나 솔론의 개혁에 대해서 귀족은 물론, 평민들도 만족하지 않았다. 이에 대해서 그리스 말기의 대표적인 철학자 아리스토텔레스는 솔론의 말을 다음과 같이 인용하고 있다.

"나는 민중에게 충분한 권리를 주었다. 아무것도 빼앗지도 않고, 또 보태지도 않았다. 권력과 재산으로 존중되는 사람들에 대해서도 될 수 있는 한 부당한 조처는 취하지 않았다. 나는 양쪽을 향하여 강하게 방패를 잡고 일어섰으며, 어느 쪽에도 부당한 승리를 허용치 않았다…… 나는 이와 같은 점을 법의 힘으로써 강제와 정의를 조화시키면서 약속대로 이행했다. 나는 누구에게나 비틀어지지 않게 정의를 적용하였고, 천한 자에게나 존귀한 자에게나 평등하게 법규를 써냈다……."

물론 그리스의 민주주의라 할지라도 노예제도 그 자체는 그대로 둔, 자유민 간에 한정된 제도였지만, 이 같은 훌륭한 입법 정신의 자세를 볼 때 인간의 이성이 얼마나 일찍부터 꽃피었으며, 또 그 후에 얼마나 진보가 적었던가를 새삼 느끼게 한다.

사람은 만물의 척도

서양철학은 그리스에서 비롯하여 흘러내렸다. 플라톤, 아리스토텔레스의 이름은 현대에도 아직 낡지 않았으며, 사상적으로 어떤 막다른 벽에 부딪히면 다시 찾게 되어 있다. 그리고 그리스도교의 신학도 그들을 제외하고는 성립할 수 없다. 신학의 연원도 멀리 그리스 철학에서 찾게 된다.

넓은 의미에서 그리스의 사상가들은 그 중요한 인물만을 추린다고 하더라도 양쪽 손가락을 다 헤어도 모자랄 만큼 많다. 보통 철학 혹은 철학자로 번역되는 영어의 'philosopher'는 그리스 말의 'philosophia'에서 나왔으며, 그 뜻은 애지(愛知), 애지자(愛知者)다. 원래 이 말은 예지(叡智)나 사색(思索)을 사랑하는 사람을 말한 것이며, 대체로 사상가, 때로는 학자라는 뜻으로 쓰였다. 즉, 큰 의미의 철학이었다.

그리스의 철인들을 손꼽는다면, 소크라테스 이전의 사람으로는 탈레스와 헤라클레이토스, 엠페도클레스 등이 있고, 그 뒤로는 에피쿠로스, 스토아 철학의 제논 등이 있다.

'사람은 만물의 척도'라는 말은 역시 그리스 철인의 한 사람인 프로타르코스(Ploutarchos, 플루타크)의 말이다. 그는 유명한 〈영웅전〉의 전기물 저자로서 일반에게 알려져 있으나, 그리스 문화가 가장 번성하던 기원전 5세기에 아테네에서 이름이 높던 소피스테스(sophistes)였었다.

그는 평생을 아테네에서 학문의 명장으로서, 청년들에게 변론과 처세술을 가르치며 지냈다. 특히 우수한 청년을 뽑아 수재 교육에 중점을 두었고, 소크라테스보다 열 살가량 연장이었으니, 선배이자 적수였었다.

소피스테스란 지(知)와 덕(德)을 가르치는 사람을 말한다. 즉, 요령 있는 문답 방식, 진실을 인식하는 힘, 올바른 판단, 판결, 민중에게 교묘하게 연설하여 이를 움직일 수 있는 능력에 대해서 교수를 한 것이었다. 플라톤의 저술을 통해 보더라도 소피스테스들의 이야기가 많이 나오는데, 그중에서도 프로타고라스는 탁월한 인물로 다루어져 있다.

그는 폭넓은 교육의 가능성을 주장하였고, 특히 덕을 키우는 데 중심을 두었으며, 교육에는 소질과 연습이 필요하다고도 강조했다. 학습은 어릴 적부터 시작해야 한다고도 하였고, 그는 최초의 자각적인 교육가라는 점에서 서양의 공자라고 할 만한 위치에 있다. 시대를 보면 공자가 100년 이상 앞섰다. 그는 만물의 척도는 자연이라고 한 학설에 반대하여, 만물의 척도, 즉 기준은 사람이라고 갈파했다.

그의 이 말은 다방면으로 해석되고 있는데, 요컨대 인간중심주의이며, 판단의 상대성원리를 말한 것이다. 있는 것을 있다고 하고, 없는 것을 없다고 하는 것도 인간이라고 했다. 물건이란 사람이 각자 자기 보는 데에 따르는 것이라고도 했다.

만물은 유전流轉한다

이 말은 플라톤의 저서 〈크라듀로스〉에 나온다.

"헤라클레이토스는 먼저 이렇게 말한다. 만물은 흘러가고 있으며, 무엇 하나도 멈추고 있는 것은 없다고. 다시 존재를 강물에 비유하여, 사람은 같은 강물에 두 번 다시 들어갈 수 없다."

세상 만물이 다 수시로 변하고 있다는 관찰은 헤라클레이토스의 말로 전해지고 있으니, 그리스의 철학자들이 불교의 허무감을 감득하고 있었던 것을 알 수 있다. 즉, 강물같이 만물은 유전하며, 같은 강이라고 생각해도 사실은 시시각각으로 다르다. 사람의 몸도 마찬가지로, 지금 나는 한 시간 전의 나와 다르다. 일순간 전의 나와도 다르다. 변화야말로 만물의 불변한 실상(實相)이다.

이렇게 헤라클레이토스가 소아시아 서해안의 도시 에페소스에서 설교하고 있었던 것이 대략 기원전 540년 무렵에 도를 이루었으니, 누가 앞서고 누가 뒤서고 있다고 판단하기 어렵다. 그러나 헤라클레이토스는 석가모니와 같이 원만한 인품은 아니며, 매우 대조적인 사람인 듯하다. 때로 행동이 기발하며, 만만치 않은 기골을 지녔고, 거친 사람으로 알려져 있다. 눈빛이 날카롭고, 말하자면 우주의 오묘를 그 날카로운 눈으로 투시하여 인생의 진실과 밑바닥에 도달한 듯한 철인이었다.

헤라클레이토스는 탈레스를 조상으로 하는 이오니아 자연철학자의 계열에 속한다. 탈레스는 천문학에 열중하였다. 하루는 별을 보며 길을 걷다가 개울에 빠진 일화의 주인공으로 알려져 있다. 그리고 그는 그때 한 노파에게서,

"자기 발밑도 모르는 주제에 하늘 일을 알려고 하느냐!"

고 창피를 당했다고도 한다.

대체로 이러한 고대의 철학자들은 기인이나 괴짜가 많고, 헤라클레이토스도 늘 '어두운 사람', '우스운 소리하는 철인'이라는 말을 들었다고 한다. 그의 말이 늘 인생의 어두운 점을 헤치고, 비관적인 것에 핀잔을 준 것이었다.

그러나 헤라클레이토스의 말이 가진 깊은 뜻은 그의 한마디가 한 계열의 철학을 낳을 만한 깊이가 있었다. 예를 들면,

"신에게는 모든 게 미(美)고, 선(善)이며, 정(正)이다. 그러나 인간은 그 어느 것을 부정이라고 믿고, 어느 것은 정당하다고 믿었다."

라고 한 것이나,

"지(知)란 오로지 하나. 모든 길에 통하며, 모든 걸 조종하는 하나의 의지를 인식하는 일이다."

라고 했으니, 이 말에서 종교의 깊은 연원을 볼 수 있겠다.

그의 말 중에 또 널리 알려진 것으로는,

"박학(博學)은 깨우침(분별)을 가르쳐 주지 못한다."

하였으며, 이밖에 또,

"원숭이는 제아무리 예뻐도 사람에 비기면 못났다."

"숨어있는 조화(調和)는 드러나는 조화보다 뛰어났다."

이같이 그의 투철한 관찰에서 나온 인생의 비평의 경우가 많다. 이것을 보면, 적어도 철학 면에 있어서는 동서를 통해서 수천 년 전에 우리 선인들의 자각이 이미 그 궁극에 달해 있었던 것이다.

매미의 남편은 행복하다

"너 자신을 알라."

이것은 소크라테스의 말로 알려져 있는데, 연원을 거슬러 올라 가면 아테네의 입법자 솔론의 말이라고도 하고, 혹은 피타고라스 이전에는 '너의 본분을 알라'는 더 세속적인 말로 알려진 것으로 소크라테스가 말한 것처럼 깊은 철학적인 의미로 쓰이지는 않았 던 모양이다.

"나는 내가 무지하다는 이외에는 아무것도 모른다."

라는 말도 소크라테스가 했다고 하는데, 이와 같은 자기 인식은 당시 판을 치던 그리스의 궤변파 철학에 대해서 허심탄회하게 순 수한 무(無)의 경지에서 철학을 발전시켜 나가는 데 있었다고 할 것이다.

소크라테스는 결국 소피스트들의 미움을 받아 민심을 현혹하는 자라고 고발되어 사형선고를 받았던 것인데, 법정에서의 소크라 테스는 아테네의 시민들에게 자기의 주장과 사상을 거침없이 변 명했다. 그 내용에 대해서는 소크라테스의 제자였던 플라톤의 〈소 크라테스의 변명〉 속에 역력히 묘사되어 있는데, 특히 그 마지막 구절에 이르러서는 박력 있게 육박하는 힘이 있다.

"이별의 시간이 왔다. 서로가 각기의 길을 가자. 나는 죽음으로,

제군은 삶의 길로 어느 것이 좋은가는 신만이 알고 있다.”

이리하여 소크라테스는 독을 마시며 태연하게 죽음으로 향한다. 그는 주위에서 울며 슬퍼하는 친구와 제자를 보고 말했다.

“왜 우는가! 여자는 이런 경우에 우는 법이다. 그래서 나는 여자는 이 자리를 물러가게 했다. 그러나 남자는 죽음에 부딪혀도 평정을 잃지 않는 걸로 안다. 제발 조용히 하길 바란다.”

독기가 몸에 돌자, 소크라테스는 침대에 몸을 눕혔는데, 문득 생각난 듯이 제자 중 한 사람에게 말했다.

“크리트, 내가 아스클레피오스(의술의 신)에게 닭 한 마리를 바치기로 했었는데, 자네가 대신 바쳐 주게나.”

소크라테스의 아내 크산티페는 악처의 대명사 같은 여자였다. 그녀는 말 많은 심술꾸러기였다. 소크라테스 같은 현철한 사람이 왜 그와 같은 여자를 아내로 삼았는지 의심이 가는데, 그 자신은 그 점에 대해서 다음과 같이 말한다.

“마술에 능숙해지려고 하는 자는 막된 말을 선택한다. 막된 말을 다룰 수 있으면, 다른 여느 말을 타기는 매우 수월하다. 내가 이 여성을 능히 견디어 낸다면 천하에 견디기 어려운 사람이 없을 것 아닌가.”

또 어떤 사람이,

“용케도 부인의 잔소리를 참아 넘기십니다.”

하고 일변 동정하며 말했더니,

“물레방아 돌아가는 소리도 자꾸 들으면 시끄럽지 않지.”

라고 했다.

그의 아내가 악담 끝에 소크라테스의 머리 위에다가 물을 뒤집
어씌운 일은 잘 알려진 이야긴데, 그는 조금도 화를 내지 않고,

"벼락 뒤에는 비가 내리기 마련이지."

라고 말한 것은 악처의 악행을 자기 수양의 기틀로 삼았다는 것을
알 수 있다.

유럽에서는,

"매미의 남편은 행복하다."

는 속담이 있다.

그리스 사람들은 매미는 수놈이 울고, 암놈은 울지 않는다고 생
각하고 있었다. 이 관찰은 생물학적으로는 정당했다. 그리스에는
매미가 많았고, 그리스 사람들은 그 우는 소리를 좋아했고, 자주
시로 읊고 있다. 매미 남편도 가졌던 행복을, 소크라테스 한 사람
만이 갖지 못했다는 것도 하나의 아이러니이다.

인간은 정치적 동물이다

아리스토텔레스는 소크라테스와 플라톤과 함께 손꼽히는 고대 그리스의 대철학자이다. 로마 시대로부터 중세에 걸쳐 그의 과학상, 철학상의 권위는 의심할 여지 없이 거대했었다. 그의 권위가 얼마나 대단했던가는 중세에 있어서 철학자 하면 아리스토텔레스를 가리키고, '철학' 하면 아리스토텔레스의 시녀와 같이 생각되었었다. 그는 열여덟 살 때 아테네에 나와서 플라톤의 제자가 되어, 그후 20년 가까이 플라톤이 죽을 때까지 학원과 아카데미에 머물러 있었다.

기원전 343년, 열세 살이던 알렉산드로스(Alexandros)의 가정교사가 되어 몇 해를 지냈다. 그의 지도가 장래의 이 위대한 영웅에게 얼마나 큰 영향을 주었는지는 분명치 않다. 근대 독일의 대철학자인 헤겔은 이것을 가리켜 철학의 실제적 가치를 보이는 좋은 예로 지적하고 있다. 그런데 영국의 학자이며 문명비평가인 러셀은 이와 반대로 부정적인 태도를 취하고 있다. 러셀에 의하면, 알렉산드로스는 아리스토텔레스를 현학적인 재미없는 노인으로 생각했을 것이고, 아리스토텔레스는 이 소년을 철학에 대해서는 아무것도 모르는 고집 센 게으른 아이로 생각했을 것이라고까지 말하고 있다. 러셀의 이와 같은 관찰도 이유 없는 것이 아니며, 그만큼 이 두 인간형은 이질적이었다고 할 수 있다. 그러나 알렉산드로스가 아리스토텔레스의 마음대로 되지는 않았다. 하지만, 어떤 방식으로든 영향을 받은 것만은 부인할 수 없을 것이다.

기원전 335년에서 323년까지의 12년간은 아리스토텔레스의 철학이 가장 살찌던 시기였다. 그는 아테네의 동부 류케이언에 학교를 만들어 많은 제자를 가르쳤으며, 한편으로는 저작에 힘을 썼다. 당시 그의 생활은 이상적인 학구생활이었다. 그는 아침의 맑은 공기 속에서 학원 내의 산책길 '페리파토스'를 거닐면서 고급 학생들과 전문적인 과목에 대해서 의견을 교환하였다. 이에 따라 그의 학파는 소요학파(逍遙學派, 페리파토스)라 불리게 되었다.

알렉산드로스 대왕의 죽음은 동시에 그의 조용하던 학구 생활에 마침표를 찍었다. 그가 창설한 학원은 왕의 보호 아래 있었던 것인데, 왕이 세상을 떠나자 어느 시대나 반대파는 있는지라, 이들 반대당의 공격과 모함으로 아리스토텔레스는 사지에 몰리게 되었다. 아리스토텔레스의 죄명은 신앙을 무시했다는 점이었다. 그러나 그는 소크라테스와는 달리 형벌을 피하려고 아테네를 떠나 숨어있다가 병으로 죽었다.

아리스토텔레스의 학문상의 업적은 철학뿐만 아니라 과학에도 미쳤으며, 그 밖에 모든 학문적인 분야를 뒤덮고 있다. 그의 주요 저작으로는 〈형이상학〉, 〈윤리학〉, 〈정치학〉, 〈논리학〉, 〈자연학〉, 〈시학〉 등을 손꼽을 수 있는데, 이들 각 분야에서 오랫동안 지도적인 위치를 유지했었다. 특히 삼단논법, 귀납법, 연역법은 널리 알려진 논리의 규범이다.

'인간은 정치적 동물이다'라고 한 말은 아리스토텔레스의 〈정치학〉속에 보이는 말이다. 후에 '인간은 사회적인 동물이다'라고 한 말도 나왔지만, 이것은 아리스토텔레스의 말을 바꿔 표현한 데 지나지 않는다. 정치적 기둥으로 받들어지는 사회에서 인간을 정치적 동물이라는 면에서 파악한 그의 안목은 확실히 명석하고 탁월했다. 그의 정치 학설을 따르면, 국가는 최고 종류의 사회다. 그리고 최고의 선(善)을 목적으로 한다.

국가는 시간상으로는 가정보다 나중에 이루어진 것이지만, 그 본질상 가정이나 개인보다 우선적인 위치에 선다. '모든 요소가 충분히 성숙하고 발달한 단계에 이른 것이 본성'이므로, 인간 사회가 충분히 발달한 형태가 바로 국가이기 때문이다. 이것은 벼의 이삭이 벼의 본질이 아니고 익은 벼가 벼의 본질인 것과 같은 이치이다.

법률이 없으면 인간은 죄악의 동물이나, 법률은 국가를 전제로 하여 비로소 존재한다. 그러나 국가란 단지 상업상의 거래와 범죄 방지를 위한 기관은 아니다. '국가의 목적은 착한 생활'이다. '정치적인 사회란, 단지 자기 당끼리의 도당을 이루는 게 아니고, 고귀한 행동을 위해서 있는 것'이라는 것이 요점이다. 아리스토텔레스의 정치 이념은 다분히 플라톤의 국가론을 이어받은 것이며, 관념적인 이상주의적 요소를 많이 가지고 있다.

수천 년 전 고대의 철학자들이 이같이 국가의 이상을 높이 걸었건만, 오늘에 이르기까지 국가란 그 고귀한 목표를 수행하기에 얼마나 지지부진했던가?

"정치는 현대의 숙명이다."

라고 나폴레옹은 말했다.

누구보다도 파란만장한 정치적 파동 위에 오르내리던 일대의 영웅 나폴레옹의 이 말은 아리스토텔레스가 살던 시대에서 2천 년이나 지난 뒤에 나온 말이다. 나폴레옹은 정치가 얼마나 어렵고 중요한 것이며, 그것이 백성의 운명을 좌우한다는 점을 단적으로 지적한 동시에, 그 정치가 또한 얼마나 인간의 의지와 어긋나는 것인가를 개탄한 것이기도 하다.

몸에 날개가 없고,
두 다리로 걷는 동물

그리스 전역을 정복하고 그 힘을 과시하고 있던 알렉산드로스 대왕이 통 속의 철학자로 알려진 디오게네스의 소문을 듣고 그를 만나 보려고 했다. 디오게네스가 왕이 오라는데도 응하지 않자 하는 수 없이 대왕이 그를 찾아갔다. 디오게네스는 이때 통 속에 있었다. 아마 볕을 쪼이며 이나 벼룩을 잡고 있었을 것이다.

"나는 알렉산드로스인데, 당신이 원하는 일은 무엇인가?"
하고 말을 건넸다.

"비켜 주시오. 그늘이 집니다."
디오게네스는 이렇게 말했을 뿐이었다.

돌아오는 길에 대왕은 혼자 생각에 잠긴 채 중얼거렸다.

"만약 내가 알렉산드로스가 아니었다면, 저 디오게네스가 되고 싶었을 것이다."

플라톤도 세속적인 영예를 배제하고 무시하는 점에서는 디오게네스와 같았다. 플라톤은 인간을,

"몸에 날개가 없고, 두 다리로 걷는 동물이다."
라고 정의했다.

사람들은 이 정의의 심각함에 놀랐다. 그런데 이 말을 들은 디오게네스는 한 마리의 닭을 잡아 털을 뽑아 플라톤의 찬미자들 앞

에다 내던졌다.

"이게 플라톤이 말하는 인간이란 물건이다."

큐니크파 사람들의 세상을 등진 태도는 어딘지 동양적인 것을 느끼게 한다. 서양 문화의 본류는 이와는 반대로 적극적인 인간 긍정에 기조를 둔 문명 중심주의였다.

유레카, 유레카!

'유레카'는 고대 그리스의 철학자 아르키메데스(Arkhimedes B.C. 287~212)의 말이다. 시라크사의 군주 히애로 왕은 순금 덩어리를 세공 직공에게 주어 금관을 만들게 했는데, 완성된 금관을 보고 불순물이 혼합되지 않았나 의심하며 아르키메데스에게 그것을 조사하도록 명했다. 왕관을 부숴 분석해 보면 간단히 알 수 있었지만, 그럴 수는 없고 해서 아르키메데스는 고민에 빠졌다.

어느 날 공중목욕탕에 간 아르키메데스는 물이 가득 차 있는 탕 안으로 들어갔다가 밖으로 물이 넘쳐흐르는 것을 보고 순간적으로 한 가지 생각을 떠올렸다.

'물속에 물체를 넣으면 그 물체만 한 용량의 물이 밀린다. 금은 은보다 무거우니 같은 무게의 은은 금보다 용량이 클 것이다……'

아르키메데스는 여기까지 생각이 미치자, 기쁨에 넘쳐 소리쳤다.

"유레카! 유레카!"

그러고는 벌거벗은 채로 목욕탕을 뛰어나와 집으로 돌아와 곧 실험에 착수하여 왕관에 불순물이 들어 있음을 증명했다.

이것은 이미 널리 알려진 고사인데, 여기에는 오로지 진리를 발견하려고 달음질치는 낡고도 새로운 인간의 정열이 매우 상징적으로 나타나 있다.

"나에게 지점(支點)을 주어 보라. 그러면 지구를 움직이겠다."

이 말도 아르키메데스의 말이다. 이것은 '지렛대의 원리'라고 불리는 물리법칙을 말한 것이며, 여기에서도 진리에 대한 신앙과 정열을 강렬하게 느끼게 한다. 그것은 서구적인 합리주의의 원시적인 선언이며 르네상스의 휴머니즘으로 통하는 정신적인 계보이기도 하다.

아르키메데스의 최후도 너무 극적이었다. 시라크사가 외적의 포위를 받고 드디어 성안으로 적병이 침입해 들어왔을 때, 늙은 아르키메데스는 기하학 문제 풀기에 열중하고 있었다.

적병이 그를 끌고 가려고 하자 아르키메데스는,

"이 문제를 풀 동안만 기다려 다오."

라고 말했다.

글자 그대로 아르키메데스는 진리 탐구를 위해 그 마지막 순간까지도 바친 것이다.

그리스의 학자들 간에는 매우 상징적인 일화를 남긴 사람이 많은데, 학구적인 면에서도 아르키메데스에 의하여 하나의 이상적인 인간상을 제공하고 있다.

기하학에 왕도는 없다

기하학의 기원에 대해서는 고대 이집트에서 나일강이 계절적으로 범람한 뒤 전답의 경계를 다시 측량해야 했던 필요성에서 생긴 것이라 하는데, 이것을 학문적으로 조리를 세운 것은 알렉산드리아의 학자 유클리드(B.C. 367~283)라고 한다.

평면기하학이 '유클리드 기하학'이라는 별명으로도 불리는 것은 주지의 사실이다. 그의 업적은 열세 권으로 되어 있는 〈기하학 원본〉으로 묶어져 있으며, 이것이 당시의 권위 있는 교과서였다. 유클리드는 당시의 이집트 왕 프트레마이오스 1세의 초빙을 받고 강의했는데, 왕은 그 내용의 방대함을 보고 놀라,

"기하학을 배우는 데 속성으로 아는 방법은 없을까?"

하고 물었다. 그러자 유클리드는 이렇게 대답했다.

"기하학에 왕도는 없습니다."

학문의 권위를 나타내는 이야기이다.

학문, 특히 자연과학과 같은 엄밀한 이론을 토대로 하는 세계에서는 어떠한 속세의 권력도 통용될 수 없을 것이다. 그러나 여러 가지 현실적인 면에서는 정확한 얘기라고는 할 수 없을 것이다. 좋은 교육시설을 갖춘 곳에서 유능한 교사에 의해 주어지는 교육이, 불충분한 시설과 무능한 교사에게서 배우는 것보다는 더 효과

적이기 때문이다.

　이런 점에서 본다면, 학문도 왕도, 즉 세속적인 권력 혹은 돈의 작용을 무시할 수 없는 것이며, 따라서 이상적인 교육이란 오로지 학도들에게 왕도를 걷게 하는 것이라고 할 것이다.

네가 태운 것을 숭상하라, 숭상한 것을 태우라

프랑스의 사제(司祭) 그레고알 도 드울이 쓴 〈프랑스 시(詩)〉에 프랑크 왕국의 초대 왕 클로비스의 행적 중 그가 그리스도교로 개종하게 된 일화에서 나온 말이다. 이 말은 '종교적 또는 그 밖의 어떤 문제든지 종래의 의견을 버리고, 새로운 의견을 채택하라'고 권할 때 쓰인다.

496년, 클로비스는 게르만 민족의 한 부족인 알만인과 싸웠는데, 차츰 전세가 불리해지자 기독교 신자인 그의 아내가 크로칠드 신에게 빌어 전쟁에 이기게 해 주면 기독교로 개종하겠다고 맹세했다. 그 덕분에 그는 적을 완전히 물리치고 갈리아 전역을 지배하는 왕이 되었다. 그리고 먼저 자기가 약속한 맹세를 실행하려고 했다. 왕비는 곧 사제 센트밀을 불러 개종하는 데 구원이 될 말을 해 달라고 당부했다. 왕도 '성스러운 아버지시여, 기쁘게 말씀을 듣겠습니다' 하였다. 사제는 크게 기뻐했다. 사제는 왕이 기독교로 개종하는 영세를 위해 전무후무한 성대한 식을 마련했다. 모든 사람이 나서서 거리의 구석구석에서부터 교회의 앞뜰에 이르는 길 양옆에 막을 쳐 늘어뜨렸고, 모든 집의 벽은 헝겊으로 가리고 영세반(領洗盤)이 놓였다. 향내가 흐르고 큰 초에는 휘황한 불이 타며, 사원에서는 훈향(薰香)이 장엄한 분위기를 이루었다. 그 사이로 왕의 행렬은 십자가와 복음서 네 권을 앞세우고 찬미가 합창과 환호하는 소리에 싸여 걷기 시작했다. 사제는 왕의 손을 잡고 궁전에서 교회에 도착해 영세장으로 인도했다. 왕은 그 장엄하고도 화려한 정경에 놀라서,

"오오, 성자시여! 여기는 당신이 약속하신 하느님의 왕국이 아닌가요?"

하고 부르짖었다.

"아닙니다. 여기는 하느님의 나라가 아니라 하느님의 나라로 인도하는 길입니다."

사제는 이렇게 대답하고 지하실에 마련된 영세장으로 왕을 인도했다. 그 당사자의 정식 영세 의식은 지하실에서 치러졌으며, 세례를 받을 사람은 옷을 벗고 나체가 되어 물에 몸을 담그는 의식이 진행되었다. 왕도 옷을 벗고 세례받았는데, 사제는 다음과 같은 유명한 말로서 왕에게 훈계하였다.

"마음을 가라앉히시라. 머리를 숙일지어다. 그리고 그대가 태운 것을 숭상하고, 그대가 숭상하던 것을 태우라!"

500년경, 오늘날의 프랑스와 벨기에 지역을 대부분 정복하고 갈리아 전체 땅을 장악했던 클로비스였던 만큼, 그의 기독교에로의 개종은 기독교 전파에 큰 공헌을 했다.

카노사의 굴욕

중세 봉건사회가 확립되자 기독교는 서구 일대를 교화하였고, 로마 가톨릭교회의 권위는 정신적인 분야에 그치지 않고 세속적인 생활면에까지 미쳤다. 그와 더불어 교회의 부패와 속화(俗化)도 드러나게 되었다. 사제직이 돈으로 공공연히 매매되기까지 이르렀다. 무엇보다도 속인이 사제직에 함부로 오를 수 있다는 사실은 교회의 조직 자체를 문란케 했으며, 교황의 권위를 위태롭게 하는 일이었다.

예를 들면, 독일과 이탈리아에서는 국왕이 사제를 임명하였고, 프랑스의 제후는 대부분이 사제직을 겸하고 있었다. 그뿐 아니라 교황의 지위 자체도 왕의 손에 좌우되고 말았다. 황제 하인리히 3세 같은 이는 세 사람의 독일인 교황을 내세우기도 했다.

이와 같은 교회 안의 부패와 속화에 대한 비판은 일찍부터 교회 안에서 있었던 것이지만, 이것이 표면화되고 적극적인 양상을 띤 것은 프랑스의 클뤼니 수도원을 비롯하여 베네딕트파 수도원들이 합세한 세력이 교회의 개혁을 부르짖은 데에 있다.

클뤼니 수도원 출신 추기경인 힐디부란드는 이 운동의 선두에 서 있었는데, 1073년에 교황으로 추대되어 그레고리우스 7세가 되자 속인은 사제가 될 수 없다는 법규를 세워 단호하게 조치했다. 그러자 교황과 황제 하인리히 4세 사이에는 심각한 충돌이 생겼다. 1076년, 황제는 사순절 종교회의 때 다음과 같은 말로 시작된 서한을 보냈다.

"참칭자(潛稱者)가 아니며, 신의 풍요한 은총에 의하여 임명되어 황제가 된 하인리히 4세로부터 이미 교황은 아니며, 한갓 좋지 못한 수도사에 지나지 않은 힐디부란드에게 보내노라."

그리고 '그레고리우스는 교황이 아니라, 한 마리의 굶주린 늑대에 불과하다'라는 이유로 새 교황의 선거를 해야 한다고 촉구했다. 물론, 이에 대해서 그레고리우스 7세도 지지 않고 맞섰으며, 하인리히 4세의 파문을 선고했다.

"사도들의 수좌(首座)이신 성 베드로여! 이 몸은 당신의 은총으로 천상천하에서 속박과 해방의 권능이 주어져 있다. 그러므로 이 몸은 당신 교회의 영광과 보호를 위해 당신의 교회에 대해서 전례 없는 거만한 태도로 반항한 하인리히에 대해서 독일 및 이탈리아의 전 지배권을 부인한다. 또 이 몸은 모든 기독교도에게 그에 대한 복종의 서약으로부터 해방하게 시키고, 그뿐만 아니라 누구도 그에 대해서 국왕 대접을 하지 말 것을 명령한다. 교회의 영광을 짓밟아 없애려는 자가 그전에 얻었던 명예를 잃는 것은 당연하다."

이 선고의 효과는 무서운 영향력을 미쳤다. 그레고리우스는 단지 교회뿐만 아니라, 제후나 공들과의 동맹을 구축함으로써 하인리히를 수세로 몰아갔다. 때마침 공들과 제후들은 황제의 지배권에 반항할 구실만을 찾고 있던 참이었다. 제후들이 하인리히의 교황에 대한 불복종을 이유로 황제의 폐위를 논하자, 막강했던 황제는 그레고리우스 7세의 사면을 구하지 않으면 안 될 지경에 놓이게 되었다.

하인리히 4세는 1077년 한겨울에 허겁지겁 알프스를 넘어 북이탈리아의 카노사성에서 교황 앞에 무릎 꿇고는 눈 속에서 수 시간 동안 서 있다가 겨우 사과가 받아들여졌다고 한다. 이것이 세상에 유명한 '카노사의 굴욕'이며, 교회의 권위가 속계(俗界) 최고 권력을 이긴 가장 드라마틱한 예증(例證)이 되었다.

빌헬름 텔의 사과

14세기 초엽, 스위스는 오스트리아의 지배 아래 있었다. 중앙집권적인 강대국의 강압 정치와 이에 속해 있는 약소국의 저항을 보인 전형적인 관계에 있었다. 오스트리아의 총독 게슬러의 횡포가 특히 더했다.

드디어 스위스의 민중은 참다못해 폭동을 일으켰는데, 게슬러는 그 지도자를 처형한 뒤에 오스트리아 공(公)의 모자를 테이블 위에 얹어 놓고 지나는 이들에게 절을 하도록 명령했다. 스위스의 활의 명인으로 알려진 빌헬름 텔이 여섯 살 먹은 자식을 데리고 그 앞을 지나게 되었다. 그는 모자를 향해 절을 안 했다는 이유로 붙들려서 게슬러 앞으로 끌려왔다.

빌헬름 텔은 그 전부터 게슬러가 위험인물로 지목하고 있었다. 게슬러는 빌헬름 텔의 아들 머리 위에 사과를 얹어 놓고 텔에게 화살로 맞추라고 명령했다. 그러나 게슬러의 잔인한 시험은 성공하지 못했다. 텔의 솜씨는 아들을 다치지 않고 사과만 맞추어 떨어뜨린 것이다. 그런데 그 순간 텔의 사타구니 속에 감춰 두었던 또 하나의 화살이 떨어졌다.

"그 화살은 무엇이냐?"

게슬러는 날카로운 목소리로 물었다.

텔은 조금도 두려움 없이 태연한 태도로 말했다.

"사과를 맞추지 못했을 때는 제2의 화살로 당신을 쏘아 죽일 작정이었다."

게슬러는 텔을 결박하여 배에 태우고 루쩨른 호반에 있는 감옥에 보내 죽이려고 했는데, 가는 도중 갑자기 폭풍을 만나 배가 전복하려 했다. 게슬러는 몹시 겁이 나서 배의 조정에 능숙한 텔을 결박에서 풀고 풍랑을 벗어나게 했다.

배가 무사히 호반에 도착하자 텔은 육지로 뛰어올라 게슬러를 활로 쏘아 죽였다. 이것이 봉화가 되어 스위스는 오스트리아로부터 독립을 쟁취하게 되었다.

이 전설적인 이야기는 여러 번 예술화되었는데, 그중에서도 실러의 희곡 '빌헬름 텔'과 이탈리아의 작곡가 롯시니의 가곡이 유명하다.

텔이 아들의 머리 위에 놓인 사과를 활로 노려야 했던 것은 단지 궁술의 과녁이 아니라 이미 하나의 상징으로 높여진 것이라 할것이다. 근대적인 눈으로 본다면, 그 사과는 스위스의 자유와 독립이며, 그것을 얻기 위해서 텔은 아들의 생명을 걸어야 했다. 그 어린 아들은 단지 텔의 자식이라는 점을 넘어서 스위스의 다른 세대를 상징한 것으로 생각할 수 있다. 즉, 독립운동의 윤리가 명석한 선으로 표시되어 있다. 유럽의 문화를 낳게 한 네 개의 사과란 말이 있다. 아담과 이브가 하느님의 경계를 듣지 않고 낙원에서 쫓겨나게 된 금단의 열매도 사과였다. 둘째는 세 명의 여신의 불화로 인하여 트로야 전쟁을 일으키게 한 파리스의 사과. 셋째는 뉴턴의 만유인력의 법칙에 암시를 준 사과, 그리고 넷째가 이 빌헬름 텔의 사과이다.

첫 번째 사과는 헤브라이즘(Hebraism; 기독교), 두 번째 사과
는 헬레니즘(Hellenism; 문예부흥), 세 번째 사과는 근대과학을,
네 번째 사과는 근대 정치사상을 의미하고 있다고 한다면, 유럽의
문화는 확실히 그 선(線)에 따라 전개되었다고 할 수 있다.

일곱 가지 대죄大罪

'일곱 가지 대죄'는 중세 가톨릭교회에서 규정한 계율인데, 이 죄들을 범한 자는 지옥에 떨어지는 것을 면치 못한다고 했다. 대죄의 내용은 '거만(pride)', '음란(lust)', '탐욕(ovetousness)', '노여움(anger)', '탐식(gluttony)', '질투(envy)', '태타(怠惰 - sloth)'라고도 하고, 혹은 '노여움', '거만', '부정(nuchastity)', '허영(vainglonry)', '탐식', '질투', '탐욕'이라고도 한다.

이들 악덕은 그리스도교가 아니라도 물리쳐야 할 것이겠지만, 문제는 이러한 규범을 내세웠다고 간단히 인간성이 이에 추종하지 않는 점이다. 살아있는 인간의 마음과 행위는 매우 복잡하며, 그와 같은 규범으로 억제할 수 없는 것은 수천 년의 역사를 통하여 무수한 희비극을 피할 수 없었던 것으로도 알 수 있다.

무엇보다도 기독교 자체의 역사를 보더라도 그렇다. 기독교 세력이 아직 미미하고 이교에 의해 박해를 거듭하던 때의 순수성은 잠시 밀어 놓고, 로마 가톨릭교회가 확립되고 전 유럽을 교화한 뒤의 일을 생각해 보자. 물론 그리스도가 내세운 숭고한 인도주의적 이상을 실현하려고 노력한 많은 신자가 있었던 것도 사실이지만, 그 반면에는 교회라는 거대한 조직체에 올라앉아서 안일한 생활에 젖어 갖은 세속적인 욕망을 좇기에 바빴던 사제들 또한 적지 않았던 것도 역사가 증명하는 사실이다.

일곱 가지의 대죄라는 형식적인 규범을 만들어 놓고 많은 어린 신자에게 엄격한 요구를 덮어씌운 것은 짐짓 타락한 관료주의적 사제들이었을 것이다. 그러니 그들과 더불어 세상을 지배하던 봉건적 왕후들이 과연 일곱 가지 악덕에서 벗어난 생활을 했다고 할 수 있을 것인가?

이단심문

중세 말기 교회의 부패와 타락이 두드러지자 이에 대한 비판과 개혁을 부르짖는 소리가 점차 높아졌다. 영국의 신학자 위클리프와 보헤미아의 후스 등은 그 급선봉에 나섰다. 이러한 공격이 시작되자 교회 내부에서도 반성의 소리가 생기고, 그 권위를 회복하기 위해 가끔 종교회의가 열리게 되었다. 그중에서도 15세기 초기에 스위스의 콘스탄티에서 열린 종교회의는 가장 대규모였으며, 사제들 외에 각국의 왕과 제후가 다수 참석했다.

이 회의에서 로마 교황의 정통성이 확인되고 분열되어 있던 교회의 통일이 이루어졌는데, 그럼에도 교황의 권위를 확립하려면 그 권위에 대한 극단적인 비난과 공격은 이단으로 규정하고 억압할 필요가 있었다. 그리하여 그 이단심문의 첫 화살이 겨누어진 것이 위클리프와 후스 두 사람이다. 위클리프의 교설 가운데에 특히 문제가 된 것은 다음의 여러 가지 점이다.

1. 빵과 포도주는 다 같이 물질이며, 제단 상의 비적(秘籍)의 실체가 그것에 옮겨질 수는 없다.
2. 교황이 악인이며 악마의 동지라는 게 알려졌다면, 그러한 교황은 신도에게는 군림할 권능을 갖지 못한다.

3. 성직자가 재산을 갖는 것은 성지를 위배하는 일이다.

　1의 경우 빵과 포도주를 그리스도의 몸과 피로 가정한 가톨릭의 미사 의식의 영성체를 무효로 돌리고 있다. 두 번째의 경우는 교황의 권위를 부정하였고, 셋째는 교회의 재산에 대한 비판이다. 요컨대 위클리프는 신앙의 유일한 원천을 성서로 삼고, 여타의 요소는 배척한 것이다. 그의 주장에 따르면, 교회란 영혼의 구제가 미리 정해진 사람들로만 성립되는 것이었다. 따라서 그의 교설은 구령예정설(救靈豫定說)이라고 불리는데, 그의 설에 공명했던 보헤미아의 후스도 다음과 같이 주장했다.

1. 성스러운 보편적인 교회는 단 하나이며, 그것은 구령예정자의 단체이다.
2. 교황의 존엄은 황제의 세속적 권력에서 유래한 것에 불과하다.
3. 교회에 대한 복종은 교회의 사제가 빚어낸 것이며, 성서에 명기된 권위를 가진 것은 아니다.

　이것은 로마 교황청에 대한 정면으로의 도전이었다. 이에 대하여 교회가 가혹한 탄압으로 맞선 것은 자위상 부득이했을 것이다. 위클리프는 박해받으면서도 영국에서 제 명까지 살았으나, 후스는 소환받고 1415년 7월 화형을 당했다. 그리고 약 1세기가 지난 후 루터에 의해 종교개혁의 횃불이 솟아올랐는데, 이 두 사람의 이단자는 종교개혁에 던져진 두 개의 돌이었다고 할 수 있다. 그런데 이단이란 개념은 마땅히 정통적인 권위를 전제로 한다. 뒤집

어 말하면, 정통적인 권위가 있는 것에서 이단의 문제가 생긴다는
것이 된다.

면죄부

원래 로마교회에는 일정한 선행을 쌓은 신도에게 교황의 권능으로 하느님 앞에서 모든 죄를 사면하는 면죄 제도가 있었다. 선행 속에는 단식, 순례와 같은 일종의 고행을 통한 실천적인 것뿐만 아니라, 교회에 대해서 정재(淨財)를 기부하는 것도 포함되어 있었다. 그런데 중세 말기에 이르자 교회의 타락이 심해졌고, 단지 돈을 긁어모을 수단으로 면죄부라고 불리는 부적을 발행했다.

1517년, 교황 레오 10세는 성 피엘 사원을 건립하는 자금 조달을 목적으로 면죄부를 발행했고, 그 판매인을 각지에 파견했다. 그런데 이 무렵 영국과 프랑스는 국왕의 지위가 견고해지고, 교회의 힘이 밀고 들어갈 만한 여지가 없었으므로 중앙집권이 뒤떨어진 독일이 만만한 목표가 되었다.

비텐베르크대학의 신학 교수인 마르틴 루터는 일찍부터 교회의 부패상을 분개하고 있었는데, 마침내 면죄부 판매원이 삭소니아 공원에서 행동을 개시한 것을 보자 단연코 분기하여 면죄부에 반대하는 95개 조의 선언문을 비텐베르크 교회 정문에 갖다 붙였다.

21조, 면죄부를 변호하는 자는 교황의 사면으로 모든 죄가 용서된다고 하지만, 이것은 잘못이다.

27조, 돈 궤짝 속에 화폐가 절커덩 떨어지면 대번에 영혼이 지옥에
서 연옥으로 옮긴다는 따위는 엉터리다.
36조, 기독교 신자는 회개하고 마음을 갈아 넣는다면, 면죄부 따위
가 없더라도 죄와 벌에서 벗어날 수 있을 것이다.

루터의 면죄부에 대한 반대는 한 걸음 더 나아가 인간이 구제되
는 것은 하느님의 은총에 의한 것이며, 선행을 쌓는 것은 구제의
필요조건이 아니라는 주장으로까지 발전했다. 여기서 선행이란
교회에서 규정한 단식, 순례, 기부 행위 등을 말한다.

"모든 사람이 죄를 범하였으니, 하느님의 영광을 받기에 부족
하도다. 세운 공이 없이 하느님의 은혜로서 그리스도 예수가 보여
준 속죄에 따라 의롭게 되느니라."

"의롭게 된 그리스도 신자는 오로지 그의 신앙에 의해야만 산
다."
라고 한 성서의 말에 근거하여 그는 다음과 같이 주장한다.

"그러므로 기독교 신도는 신앙으로만 충분하며, 좋게 보이기 위
한 어떠한 행동도 필요치 않다… 모든 행동에 앞서 신앙에 의하여
그 마음이 가득 차 있는 것만이 필요하며, 그 후에 행실이 따르게
마련이다."

루터의 이와 같은 내적인 신앙을 중시하는 것은 로마교회의 형
식적 면죄관에 대해서 매우 혁신적인 의미를 나타냈다. 로마교회
는 선행과 하느님의 은혜 중개자로 자처해 왔으므로 루터의 주장
은 교회의 권위를 정면으로 부정하는 것이었다.

루터는 애당초 교회와 단절할 결심까지는 없었던 것인데, 교회

측이 강경하게 그의 주장을 버리라고 명령하자 드디어는 교회와의 교황에 대해서 전면적인 공격을 개시했다. 그는 많은 논문을 써서 사제와 일반인의 차별을 부정하고 성서만이 유일한 기독교 신앙의 샘이라고 말했고, 교황이 사제를 임명하고 세금을 징수하는 것에도 반대했다. 교회 측은 파문(破門)이란 최후의 수단을 취했는데, 루터는 파문장을 면전에서 불태우며 그의 결심을 굽히지 않았다.

이러한 루터의 단호한 태도는 당시의 교회와 독일 사회에 불만을 품었던 많은 사람의 지지를 받았다. 그 지지층은 교회의 지나친 간섭을 눈엣가시처럼 여기던 제후의 압력을 받고 허덕이던 농민들이었다.

1521년, 신성로마 황제 찰스 5세는 제국 지배에 있어서 교황의 원조를 얻고자 루터를 불러들여 그의 교설을 폐기하도록 일렀다. 그러나 루터는 자기의 주장을 굽히지 않고, 의연한 자세로 국회 복판에 서 있었다.

"오오, 하느님이시여! 저는 이곳에 서 있습니다. 그 이상은 어찌할 수가 없습니다. 하느님이시여, 지켜 주십시오!"

이 극적인 장면은 그림으로 그려져 남아있다. 황제는 드디어 루터를 법률의 보호 밖에 둘 것을 선언했는데, 삭소니아 공은 그에게 구원의 손을 내밀었다. 루터는 이 사람의 보호를 받으며 왈트부르크 성에 숨어있었다. 그리고, 그 사이에 성경의 독일어 번역을 완성했다.

이렇게 하여 종교개혁의 불꽃이 튀기 시작했는데, 루터의 행동은 그가 생각지 않았던 방향에 영향을 미쳤다. 교회와 봉건 영주

밑에서 이중의 압박에 허덕이던 농민 계급이 동시에 봉건 체제에 반기를 들고 일어난 것이다. 특히 1524년 이래 남부 독일 시대에 대규모의 농민 폭동이 발생했다.

루터는 처음에는 농민 편을 들었으나, 반란의 양상이 포악해지자 폭동 농민들을 강도, 살인자, 미친개라는 격렬한 표현으로 비난했다. 인간적인 마음과 강한 의지를 가진 뛰어난 개혁자 루터도 그를 지지하고 보호해 준 영주에게 반항하는 농민들을 더 좋게 볼 수는 없었던 모양이다.

마호메트와 산

이슬람교의 창시자 마호메트(Mahomet 혹은 Mohamet이라고도 한다) 아라비아 말로 '찬양받는 자'의 의미다. 그는 메카(Mecca) 교외의 히라 언덕에서 태어나서, 젊은 시절을 가난 속에서 고생하며 지냈다. 그 후 대상(隊商)들 틈에 끼여 시리아 방면을 왕래하면서 종교에 의해 민중을 구제하겠다는 결심을 품게 되었다.

젊은 그는 유일신 알라에 대한 신앙을 받들고 자신을 그 사도요, 예언자라고 말했다. 그 당시 아라비아 사람들은 각기 그 부족마다 고유의 종교를 가지고 대립하고 있었는데, 알라교는 그 벽을 뚫고 나아가서는 아라비아 민족의 정치적 통일을 달성케 했다.

마호메트에 대해서는 많은 특징 있는 일화가 전하고 있다. 마호메트는 비둘기를 잘 길들여 자기의 귓구멍 속에 보리쌀을 집어넣고 쪼아 먹게 했다. 그래서 비둘기는 배가 고프면 마호메트의 어깨에 올라타고 주둥이를 그의 귀 안에 들이밀게 되었다. 이것을 가리켜 마호메트는 신이 비둘기로 화하여 자기에게 신탁하는 것이라고 말했다.

마호메트와 산의 이야기는 가장 의미가 깊다. 그가 포교를 시작하던 당시, 아라비아 사람들은 그에 대해서 신의 사도가 틀림없다는 증거를 보이라고 하였고, 예수나 모세와 같은 기적을 행하도록 요구했다. 마호메트는 그러한 행위는 신을 시험하는 일이며, 신의 노여움을 부르게 될 것이라 하여 처음에는 거절했는데, 나중에 그는 사퍼 산(山)을 향하여 자기 앞으로 오라고 명령했다. 그러나 산은 꼼짝도 안 했다. 마호메트는 태연하게 말했다.

"신을 찬양함이 마땅하다. 만약 산이 온다면, 우리는 모두 그 밑에 깔려 버릴 것이 아니더냐? 나는 스스로 산에 가서 신의 자비를 찬양하리라."

이것은 말할 것도 없이 하나의 궤변이다. 그러나 그의 말에는 논리가 서 있으며, 교조로서 사람을 휘어잡는 능변가였음이 틀림없다.

이슬람교는 그 후 수백 년 동안 '코란과 칼'의 정책으로 아라비아 세계를 휘덮었는데, 그 가능성은 이미 위의 '산의 일화'에서 그 일단을 엿볼 수 있다고 할 것이다. 코란은 이슬람교의 교리이며, 아라비아 말로 되어 있다. 칼은 무력 정책을 의미한다. 이슬람교가 아라비아의 통일 종교가 되기까지는 무력의 뒷받침이 있었다.

코페르니쿠스적인 회전

16세기 초 폴란드 태생의 과학자 코페르니쿠스는 천체를 관측한 결과, 지구는 하나의 둥근 형태를 갖춘 천체의 한 덩어리이며 태양의 주변을 돌고 있다는 소위 지동설을 주장하게 되었다.

원래 지동설은 코페르니쿠스가 최초로 주장한 것은 아니었으며, 그 이전에 그리스의 철학자와 과학자들이 대체로 그럴 것이라는 추정을 내리고 있었는데, 그리스도교의 세력이 확립되자 교회는 그러한 학설을 이단이라고 부정하고, 지구는 우주의 확고한 중심이라는 천동설을 주장해 왔다.

만약 지동설을 인정한다면, 소박한 우주관에 입각한 성경의 가르침 대부분이 뒤집히며, 나아가서는 교회의 권위가 뒤흔들릴 것을 두려워했기 때문이다.

코페르니쿠스는 이러한 사정을 잘 알고 있었으므로 지동설이 정당하다는 것에 확신을 품고는 있었으나, 자기의 주장을 공표하려고 하지 않았다. 그러다가 1543년에 이르러 친구의 권유도 있고 해서 '천체의 운행에 대해서'라는 논문을 발표했는데, 그때도 논문의 첫머리에 교황 바울 3세에게 다음과 같은 헌사를 붙였다.

"저는 조물주가 우리들을 위하여 만드신 우주에 대하여 종래의 학설이 충분치 못한 것을 유감으로 생각하고 옛날 문헌을 조사해 보았더니, 그리스의 피타고라스파의 철학자들이 지동설을 창조하고 있었음을 알았습니다. 이와 같은 천체 현상의 수수께끼를 풀려면 여러 면으로 상상하는 것이 자연 용서될 줄 알았으므로 저도 지동설의 입장에서 수년 동안에 걸쳐 연구를 쌓아 보았더니 천체의 운행이 더 이론적으로 해명되는 것을 발견하였습니다……."

이 헌사는 교황청의 눈치를 살펴 가며 비위에 거슬리지 않으려고 조심스러운 말로 쓰여 있다. 그 태도는 복종적이었으나, 어차피 그는 자기가 확신하는 지동설을 내세웠던 것이다. 교황은 헌사 속에 교회의 권위에 대한 복종의 자세를 보고 만족했는지 코페르니쿠스는 아무런 탄압도 받지 않고 그의 생애를 평온하게 끝마칠 수 있었다.

그러나 교황은 이 논문이 세상에 나옴으로써 매우 조용한 가운데 결정적인 효과를 거두고, 세계관에 180도의 전환이 이루어진 것을 깨닫지 못했다.

그래도 지구는 돌고 있다

인간이 살고 있는 세계는 성경의 가르침과 같이 우주의 중심이 아니며, 태양의 주위를 돌고 있는 하나의 유성에 지나지 않는다. 이러한 지동설은 코페르니쿠스가 주장한 것이지만, 처음에 교황청은 그 이단적인 입장을 충분히 의식하지 못했다. 그 때문에 코페르니쿠스는 박해받지 않았지만, 그의 후계자인 갈릴레이의 경우에는 그렇지 못했다. 그는 자기의 과학적인 연구 성과에 대해 적극적으로 그 진리를 세상에 밝히고자 했다.

피사와 파도바 대학에서 수학을 강의했던 갈릴레이는 크고 작은 구슬을 비자 탑 꼭대기에서 동시에 떨어뜨려 그 무게와 상관없이 물체가 떨어지는 속도는 일치한다는 낙하의 법칙을 증명하였고, 그 밖에도 갈릴레이식 굴절 망원경을 만들어 목성의 위성과 태양의 흑점을 발견했다. 이러한 르네상스적인 사통팔달의 지적인 활동은 많은 사람을 놀라게 했지만, 이만큼 고명한 학자의 권위도 교회의 절대 권력 앞에는 아무것도 아니었다.

그의 나이 70살 때, 종교재판소는 지동설을 주장하는 그를 이단으로 몰아 고문과 죽음의 위협으로 그의 과학적인 신념을 굽힐 것을 강요했다. 노과학자는 폭력 앞에 굴복했고, 많은 사람 앞에서 지동설의 잘못을 맹세하는 말을 했다. 그러나 그때, 그의 입술은

가볍게 움직이며,

"그래도 지구는 돌고 있다."

고 속삭였다고 전한다.

이 말을 읊조릴 때의 상황에 대해서 두 가지 설이 있다.

연극 배우와 같은 자세로 의젓하게 말했다고 하는가 하면, 흐느적거리다가 펄썩 주저앉더니,

"아아, 돈다, 돌아."

라고 혼잣말 비슷하게 중얼거렸다고도 한다.

그러나 70의 고령에 큰소리를 지를 기력은 없었을 것이고, 기왕 거짓 맹세를 강요당한 그로서 스스로 과학자적인 양심에 호소하듯 입 속에서 독백 비슷하게 나직이 중얼거렸을 것이 진실성에 가깝다.

그 후, 4년 후에 그는 눈이 멀었고 80 고개에서 눈을 감았다. 교회는 그 유해를 묘지에 묻는 것도 기념비를 세우는 것도 금했다. 독일의 극작가 브레히트는 그의 만년에 갈릴레이를 주인공으로 한 희곡을 썼다.

나치의 압제 아래 예술적 신조를 굽히지 않았던 그는 갈릴레이에게서 정신적인 유대감을 느꼈을 것이 틀림없다.

유토피아

"하루 세 시간씩, 일주일에 사흘만 일하고 월급은 지금의 열 배나 주고 나머지 시간은 자유로웠으면 좋겠다."

"그런 유토피아는 바라지도 마라."

유토피아는 우리가 흔히 말하는 꿈, 이상향을 말한다.

이 말을 최초로 쓴 것은 16세기 초엽 영국의 인문주의자인 토머스 모어(1478~1535)이며, 그는 그가 이상으로 삼는 꿈의 나라를 묘사한 〈유토피아〉라는 책을 썼다. '유토피아'는 그가 꿈에 생각하고 있는 나라의 이름이며, 그리스말의 '우-(ou)'와 '토포스(topos)'를 합쳐서 만든 말이다. 'ou'는 'no'이고, 'topos'는 'place'의 뜻으로, 'Noplace', 즉 아무 데도 없는 나라라는 의미를 담고 있다. 있을 수 없는 의미의 이것은 현실과는 너무 먼 세계에 속하고 있다.

토머스 모어는 그의 친구 에라스뮈스와 함께 당시 전 유럽에 알려진 인문학계의 대학자였다. 법조계에 발을 들여놓아 대법관이 되었고, 그의 사회적 위세는 당당했으나 헨리 8세의 종교개혁에 반대하여 런던탑에 감금되었다가, 나중에 단두대에서 처형되었으며, 그 목은 거리에 내걸리는 치욕을 당했다.

〈유토피아〉는 1, 2부로 된 소설인데, 이 책이 출판되자 굉장한 반향이 일었으며, 1530년 프랑스를 필두로 하여 독일어, 이탈리아어, 스페인어로 각각 출판되었으며, 영역판은 좀 늦은 1551년에 나왔다.

〈유토피아〉는 안토와브시에서 한 포르투갈 수부(水夫)를 만나 유토피아라는 섬 이야기를 들었다는 형식으로 시작되고 있다. 이 수부는 세 번째의 신대륙 탐험선을 타고 갔다가 돌아오는 길에 그 섬에 들렀다고 하며, 시대적 배경을 나타내고 있다. 이 유토피아 국에서는 모든 재산과 물건은 국민의 공동 소유이며, 가난이 없는 동시에 화폐도 없다. 금은보석 등 오늘날 값진 귀중품은 그 사회에서는 한낱 장난감의 구실을 할 뿐 아무런 가치도 없으며, 그런 것을 소중히 하는 자는 경멸을 당한다. 그러나 여기서도 태만은 죄가 되었다. 하지만 하루의 노동시간은 6시간이면 충분하며, 나머지 시간은 독서나 음악, 고상한 대화를 나누며 지낸다. 물론 남녀는 평등하며, 신앙도 각자 자유이며, 군비도 병사도 없으며, 전쟁은 하지 않기로 원칙이 서 있다. 부득이 적이 쳐들어오면 외국 용병을 고용하여 나라를 지킨다. 이 밖에도 결혼에 대한 구절을 보면, 선을 볼 때는 믿을 만한 연배의 어른이 입회한 가운데 남녀 쌍쌍이 모두 나체로 만나는 것이다.

역사상으로 본다면, 플라톤의 '공화국' 역시 하나의 이상국을 그린 것이며, 성 아우구스티누스의 '신의 도시'도 역시 이상향을 말한 것이며, 모어는 이 두 사람의 영향을 받은 것이 틀림없다.

모어 이후에는 캄바네라가 쓴 〈태양의 도시〉가 있고, 최근에 이르러서는 사모엘 버틀러의 〈앨폰〉이 있고, H.G 웰스의 〈현대 유토피아〉 등이 있다. 중국의 무릉도원, 혹은 도원경이라고 하는 것도 일종의 유토피아와 같은 뜻으로, 그리스의 펠로폰네소스 산중의 아르카디아(Arcadia)와 함께 평화로운 목가(牧歌)가 흐르는 전원의 이상향으로서 회자하고 있다.

그러나 사회를 아무리 뜯어고치고 물자가 아무리 풍부하더라도 지상에 유토피아는 아마 오지 않을 것이다. 왜냐하면 사람의 욕망이란 한이 없는 것이며, 결코 현재에 만족하지 않는 것이니, 그때 다시 새로운 불만을 품게 될 것이고 그와 동시에 유토피아는 소멸하고 말 것이기 때문이다.

콜럼버스의 달걀

크리스토퍼 콜럼버스가 천신만고 끝에 신대륙 아메리카를 발견하고 돌아왔다. 스페인의 왕실과 민중은 개선장군을 대하듯 그를 환영했다. 그러나 이와 같은 폭발적인 인기를 질투하고 남의 공을 깎아내리고자 하는 사람은 어느 시대에나 있는 법이다.

그러한 친구들이 어느 연회에서,

"신세계의 발견이 뭐 그리 대단한 일인가? 따지고 보면, 배를 몰고 서쪽으로 자꾸자꾸 가는 동안에 우연히 만난 것이 아닌가?"

하며 그의 업적을 깎아내리는 말을 했다.

이때 콜럼버스는,

"그건 그렇다네. 나도 이번 발견을 대단한 걸로 자랑하고 싶지는 않다네. 다만 처음으로 그런 생각을 가졌던 것만은 공로라고 생각하고 있지."

하고 대답했다.

그러고는 테이블 위에 있는 달걀을 하나 집어 들어,

"이걸 한 번 세워 보게."

하고 말했다.

이 말을 듣고 그 자리에 있던 사람들이 달걀을 세워 보려고 애를 썼으나, 달걀은 세워지지 않았다.

"그다지 어려운 것도 아닐세. 내가 하는 걸 보게."

콜럼버스는 이렇게 말하며, 달걀 끝을 가볍게 테이블 위에 부딪혀서 평평하게 한 뒤 세웠다. 친구들은 그것을 보자,

"그럴 것 같으면 문제없지."

하고 소리쳤다. 콜럼버스가 그들의 말을 받았다.

"물론 아무나 할 수 있지. 그러나 자네들은 한 사람도 이 방법을 생각해 내지 못했고, 나만이 생각한 것이네. 신세계 발견도 마찬가지야. 아무것도 아니지만, 최초로 생각해 내는 것이 문제일세."

그 자리에 있던 사람들은 모두 아무 말도 하지 못했다.

제2강
존재하는 것은
모두 이성적이다

철학자 헤겔의 말로 유명하다. 그의 저서 〈법철학강요〉에 '이성적인 것은 현실적이다. 현실적인 것은 그것이 이성적이다'라는 문장을 바꿔서 요약한 것이다.

헤겔이란 사람이 얼마나 학문 연구에만 전념하고 지나치게 이성적이었다는 것을 말하는 일화가 있다. 헤겔이 서재에서 연구하고 있는데, 갑자기 일하는 사람이 뛰어들었다. 집에 불이 났다는 것이다. 헤겔은 잠시 멍한 얼굴로 일꾼을 바라보다가, 이윽고 머리를 휘저으며 말했다.

"그런 얘기는 아주머니에게 하게. 자네는 내가 집안일에는 전혀 관여하고 있지 않다는 것을 모르는가?"

그러면서 침착한 태도로 책상을 향한 채 사색을 계속했다고 전한다. 헤겔의 마지막 말은 다음과 같다.

"나의 제자 중에 오직 한 사람만이 나를 이해하고 있었다. 그리고 그 한 사람은 나를 잘못 이해하고 있었다."

신들은 피에 주려 있다

'엘도라도'는 남미 아마존의 강변에 있다고 상상되는 '황금의 나라'를 말한다. 이 말의 원어(原語)는 스페인어로 황금 사람이란 의미인데, 그 유래는 남미 포고타 고원에 사는 치부챠 종족의 풍습에서 나왔다. 이 부족의 추장은 종교적 의례에 따라 온몸에 금가루를 칠하고 호수에 들어가서 신에게 재물을 바치는 행사를 하고 있었다고 한다. 이것이 유럽에 전해져 그곳이 황금이 많은 것으로 상상되어 황금의 나라라고 한 것이었다.

15세기에 시작된 유럽 사람들의 신대륙에 대한 환상적인 관심은 마르코 폴로의 〈동방견문록〉에서 크게 자극된 것인데, 그때 인도는 황금이 많은 곳으로 알려졌으며, 같은 환상이 이 남미 황금의 나라로 집중되었다.

황금의 섬 인도를 찾아가다가 우연히 아메리카 대륙을 발견했던 콜럼버스의 뒤를 따르듯 스페인 사람 엘도라도가 '황금의 나라' 탐험에 나섰다. 잉카제국의 정복자인 피사로도 안데스를 넘어 탐험대를 보냈었는데, 그들은 아마존강까지 와서 강을 발견했을 뿐 그 이상 발견한 것이 없었다. 거대한 강, 아마존의 이름은 그들이 지은 것이었다. 영국에서는 황금의 환상에 끌려 두 번에 걸쳐 탐험대가 출발하였으나, 그들도 목적하는 황금의 나라는 발견하지 못했다.

원래 '황금의 나라'라는 것은 누가 정확히 목격한 것도 아니고, 인간의 황금에 대한 갈망과 동경이 빚어낸 전설적인 존재였으므로 이에 엉킨 전설과 문학 작품도 적지 않다. 밀턴의 〈실락원〉에도 볼테르의 〈캉디드(Candide)〉에도 '엘도라도'의 이야기가 보인다. 19세기 미국의 저명한 작가 에드거 앨런 포도 같은 제목으로 쓴 시가 있다.

아름답게 단장한 기사가 노래를 읊으며 '황금의 나라'를 찾아나섰는데, 드디어 찾지 못하고 힘이 빠져 실망하고 만다는 내용이다. 포의 의도는 당시 캘리포니아에서 한창이던 금광 붐(골드러시)이 일어났을 때, 이를 풍자한 것으로 보인다.

그런데 이 '황금의 나라'의 전설을 전하는 아메리카 대륙의 원시문명은 많은 수수께끼 속에 잠겨 있다. 이들 미국의 원주민들은 그리스나 이집트와 같이 제대로 문자를 갖추고 있지 않았으며, 그 민족도 사방에 흩어져 버렸다. 그들의 문명을 판단할 자료는 겨우 고고학적 유물에 의존하는 길밖에 없다.

아메리카 대륙의 원시문명은 중미에서 남미에 걸쳐 번영하였으며, 베링 해협이 육지에서 떨어져 나가기 이전에 시베리아에서 이주한 몽골계 인종으로 추정되는 사람들에 의해 건설된 것으로 보인다. 그들 문명의 시초는 인류 문화의 여명을 장식하던 메소포타미아나 이집트에 비교하면 4천 년이나 뒤의 일이다.

아메리카의 원시문명이 이처럼 뒤떨어져 있었던 원인은 우선은 대륙이 고립해 있어 타민족과 교역이 없었다는 점과, 쌀이나 밀 같은 능률적인 곡식이 자라지 못하고 주로 옥수수가 식량이었다는 점 때문이다. 또 가축으로 이용할 만한 동물이 부족했던 것으로 보인다.

중미 유카탄반도에서 생긴 마야문명은 6세기부터 수 세기에 걸쳐 번영한 흔적이 있는데, '그림문자'를 사용한 마야족들은 독특한 천문대를 만들었으며, 달력도 가지고 있었다는 것이 당시의 유물로 증명되었다. 그러나 그들의 문자는 아직 해독 못 하고 있다. 그들의 유적 가운데는 그 의미를 파악할 수 없는 괴상한 조각들이 많으며, 만물의 창조신을 비롯하여 군신(軍神), 우신(雨神), 사신(死神) 등 그 밖의 여러 가지 선악의 신이 조각에 나타나 있다. 특히 '옥수수의 신'이 자주 눈에 띄는데, 이는 농업의 중심이 옥수수에 있었다는 것을 나타내고 있다.

마야의 제도는 소위 제정일치로서, 신관(神官)이 동시에 정치적 지배권을 행사하고 있었던 것으로 추측된다. 1200년 무렵, 마야 문명은 멕시코 벌판에서 침입한 인디언에 의해 멸망되었다. 그 후 다시 멕시코의 아즈텍족이 그 뒤를 이었는데, 스페인의 탐험가 코르테스에게 정복당한 후 크게 세력이 쇠퇴하여 멸망했다. 아스테카왕국의 마지막 왕이었던 모테스마 1세는 스페인의 무서운 살육을 한탄하면서,

"신들은 피에 주려 있다."

고 말했다고 한다.

이 말은 그 후 프랑스 혁명당의 공포 정치하에서 까뮤 템란이 같은 말을 하였고, 현대에 이르러서는 아나톨 프랑스가 공포 정치를 소재로 한 소설의 제목으로 썼다.

아즈텍족이 세운 문명과 함께 남미의 페루 지방 일대에는 잉카

제국이 있었다. 코스코를 중심으로 한 잉카제국은 안데스산맥의 경사면에 있었으므로 대규모의 석축 공사를 하여, 농사는 층계식 밭을 이루고 있다. 신전이나 궁전에는 놀랄 만한 큰 돌을 쓰고 있는데, 그들은 수레를 이용할 줄 몰랐으니, 아마도 사람의 완력으로 움직인 것 같다. 문자는 없었으나 실의 색깔과 매듭에 의한 기호로 어느 정도 소통이 가능했던 모양이다. 토지제도는 삼등분했다고 한다.

국왕은 태양신의 아들로 인정되어 사제의 우두머리 역할을 했으며, 정치, 군사 등 모든 권력을 수중에 넣고 있었다. 잉카를 '태양의 제국'이라고도 부르는 데 까닭도 여기에 있다. 백성들은 평생 자기 직업에 결박되어 있었으며, 이동의 자유가 없었던 모양이다. 이런 점은 동방이나 고대 아시아 사회와 통하고 있다. 잉카제국도 16세기 전반 스페인의 탐험대에 의해 정복되었으며, 그들 백성은 사방에 흩어지고 사회 조직 문화도 허물어져 달아났다.

마야와 잉카, 원시 아메리카 대륙을 장식하던 이 두 문명의 기원에 대해서는 두 갈래의 학설이 있다. 하나는 외래설(外來說)이고, 하나는 독립자생설(獨立自生說)이다. 외래설의 근거는 이들의 문명이 태양 숭배와 피라미드를 비롯해, 거석문화(巨石文化), 미라의 풍습, 그리고 관개(灌漑)에 의한 농사법 같은 것이 이집트 문명과 비슷한 것으로 보아, 이집트 고대문명이 동방으로 이동하여 인도 동남아를 걸쳐 태평양을 건넜을 것이라는 설이다. 매우 흥미있고 대담한 추측인데, 그것을 증명할 만한 자료는 아직 없다. 만약 이것이 사실이라면, 콜럼버스가 처음으로 아메리카를 발견한 것이 아니라 그보다 몇백 년 앞서 잉카인들이나 마야인들이 신대륙으로 이주한 것이 되는 것이다. 그 많은 사람을 태우고 태평양을 건널 만한 큰 배와 항해술을 그들이 갖추고 있었을까? 따라서 현재로서는 독립자생설이 유력하다.

어느 쪽이든 간에 그와 같이 역사상 뚜렷한 발자취를 남긴 두 제국의 문명이 아직 여러 가지 수수께끼를 담은 채 잠들어 있는 것은 많은 연구 과제를 남기고 있다.

너에게 더 필요하다

시드니(Sidney, Philip 1559~1586)는 엘리자베스 1세 때 사관을 지내던 인물로, 문무를 겸하였으며 르네상스가 낳은 영국 신사의 꽃이라고 불리는 인물이다.

시드니의 외가 쪽 백부가 여왕의 총신 레스터 백작이며, 이 무렵 영국은 당시 강대국이던 스페인과 전쟁 상태에 있었는데, 레스터 백작이 총사령관이 되어 지금의 네덜란드 지방에서 스페인군과 교전하고 있었다. 시드니도 이 전투에 참여했는데, 1586년 9월 22일 한쪽 무릎에 상처를 입어 얼마 후에 죽었다.

시드니는 중상을 입고 전장에서 후송되어 오는 도중, 마침 총사령관인 레스터 백작이 서 있는 근방에서 출혈로 인하여 갈증을 견딜 수 없게 되어 물을 달라고 했다. 시드니가 가져온 수통을 입에 대려고 할 때, 역시 중상으로 후송되어 오던 한 병사가 빈사 상태로 말할 기운도 없이 멍하니 그의 손에 들린 수통을 바라보고 있었다. 순간 그 병사의 눈동자와 마주친 시드니는 한 방울도 마시지 않은 수통을 그 병사에게 건네주며,

"너에게 더 필요하다."

고 말했다.

나는 영국과 결혼했다

영국은 여왕 시대에 발전했다고 한다. 특히 엘리자베스 1세 (1558~1603)와 빅토리아 여왕(1837~1901)의 두 시대에 두드러졌다.

엘리자베스 1세는 여섯 명의 왕비를 둔 것으로 유명했던 헨리 8세의 딸이다. 어머니인 앤 불린은 헨리 8세의 사랑을 잃고 런던탑에 유폐되었다가 목이 잘렸다. 헨리 8세가 죽은 후 왕위는 이복 언니인 메리가 차지했다. 가톨릭의 부활을 꾀하여 신교도를 박해했기 때문에 '피를 좋아하는 메리'라는 악명을 날렸다. 메리 1세는 엘리자베스를 미워하여 그녀의 어머니처럼 런던탑에 가두었다. 그러나 메리의 죽음으로 엘리자베스의 불행도 끝을 고하고, 그녀는 영국의 여왕이 되었다.

총명하고 학문을 즐기며, 음악을 사랑했던 여왕은 즉위한 지 얼마 안 되어 통일령을 내려 종교의 통일을 꾀했고, 구교도의 신교도에 대한 압박을 거세하는 동시에 외교에서도 발전적인 적극책을 세웠다. 그리하여 스페인의 무적함대를 격파하여 필립 2세의 야망을 꺾고, 영국이 일류의 해군국이 되는 토대를 쌓았다.

이 시대는 문화면에서도 '엘리자베스 시대'라고 불리는 획기적인 번성기였으며, 문학의 셰익스피어, 스펜서, 존슨 등의 거장이 출현했고, 철학에는 베이컨의 이름을 들 수 있다.

당시의 관례로 유럽 각국의 왕실은 서로 정략적인 결혼을 하고 있었는데, 당연히 이 재기발랄한 여왕에게도 많은 구혼이 있었다. 그러나 여왕은,

"나는 영국과 결혼했소."

라며 끝내 독신으로 버텨 '처녀 왕'이라고도 불린다.

여왕이란 특수한 지위에 있는 여성에 대해서 일반론을 적용하는 것은 문제가 있지만, 엘리자베스가 여성으로서 남성에게 관심을 두지 않았던 것은 아닌 것 같다.

월터 롤리라는 우아하고 재기에 넘치는 한 청년이 진흙 구덩이에 자기의 망토를 펼쳐 놓고 여왕을 걷게 했던 일은 너무도 유명한데, 그가 이와 같은 속 들여다보이는 수단으로 여왕의 환심을 얻게 된 것을 보면 여왕도 또한 허영에 약한 보통 여성이었다는 것을 보여 주고 있다.

또 하나, 좀 더 문학적이며 역사적 진실과는 거리가 있을지는 모르나, 라파예트 부인이 쓴 아름다운 이야기 〈클레브 공작부인〉에 나오는 일화가 있다. 주인공인 누물 공은 엘리자베스 여왕의 마음을 잡아끌어 결혼한다는 정략적인 사명을 띠고 영국에 파견되었다.

여왕은 누물 공에 대한 빛나는 소문에 마음이 동하여 공이 도착하기를 바라는데, 공이 출발 직전에 클레브 공작부인과 운명적인 상봉을 했기 때문에 여왕은 결국 공을 보지 못하고 만다. 이것이 사실이라면, 여왕은 클레브 공작부인 때문에 아직 보지 못한 누물 공에게 실연당한 셈이 되며, 어쩌면 이러한 남성의 이미지가 여왕

의 생애를 독신으로 살아가게 만드는 데 유력한 원인이 되었는지
도 모를 일이다.

극약이지만 약효는 확실하다

엘리자베스 시대의 궁정 신하이며, 군인이자 문필가이기도 했던 월터 롤리는 동부 데본의 명문가에서 태어나 옥스퍼드에서 공부했는데, 17세 때 프랑스 신교도를 구원할 의용군에게 가담하였고, 또 1580년에는 아일랜드의 반란을 진압하는 데 공을 세웠다. 그의 수려한 외모와 시원스러운 태도로 처녀 왕 엘리자베스의 두터운 총애를 받았다.

그가 이복형 길버트를 따라 북아메리카로 탐험하러 가서 식민지를 건설하고 그 이름을 버지니아(처녀지)로 정한 것도 여왕의 환심을 사려고 한 것이었다. 그때 본국으로 감자와 담배를 가져온 것도 문화사적으로 중요한 일이었다.

그 후 스페인의 무적함대를 쳐부수는 데 크게 공을 세웠고, 기니아를 탐험하여 그곳에 금은재보가 많음을 보고하는 등 눈부신 업적을 남겼는데, 나중에는 도리어 여왕의 비위를 건드리게 되었다.

그의 말년은 너무나도 비극적이었다. 여왕이 죽은 뒤 제임스 왕으로부터 반역의 혐의를 받고 12년 동안이나 런던탑 속에 갇히고 만 것이다. 그러나 그는 그동안에 〈세계사〉를 써냈다.

감옥에서 풀려난 그는 왕의 명령으로 남아메리카로 전설적인 황금 지대 엘도라도를 찾아갔다. 그러나 많은 사람이 그러했듯이 그도 목적을 달성하지 못하고 빈손으로 돌아왔다. 왕의 불신은 더해 갔으며, 드디어 그에게 사형선고를 내리기에 이르렀다.

그가 처형된 곳은 올드 파레스 현장이었다. 여기까지 오는 동안 그도 힘닿는 데까지 손을 써서 구명을 탄원했지만, 결정적인 순간에 이르자 과연 풍운아다운 행동을 보여 주었다. 그는 사형 집행인이 들고 있는 도끼를 보고는 미소를 지으며 한마디 했다.

"극약이지만, 약효는 확실하겠군!"

일대의 풍운아이자 모험가였던 그에게 걸맞은 최후라고 할까.

메이플라워호

1620년, 영국의 청교도인 102명이 180톤의 범선 메이플라워호를 타고 대서양을 건너 신대륙인 아메리카로 이주했다. 청교도는 원래 16세기 영국에 생겼던 신교의 일파인데, 그 명칭과 같이 청순한 신앙생활을 모토로 한, 이상주의적 성격을 띠고 있었다. 17세기 중엽의 소위 청교도혁명은 열렬한 청교도이던 크롬웰의 지도로 수행된 것이었다.

그런데 16세기 후반 엘리자베스 여왕이 즉위하자, 신구가 대립하고 있던 종교를 통일하고자 영국교회를 세우고 신교도에 대한 압박이 심해졌다. 잉글랜드의 스쿨피라는 조그마한 촌락에 윌링엄 푸르스타라는 청교도가 있었다. 그는 그 촌락의 유지 중 한 사람인데, 부근의 교회에 다니며 예배를 보는 동안 역시 열렬한 신자인 윌리엄 푸랏드 포드와 알게 되었다. 두 사람은 힘을 합해 포교에 힘썼으며, 마을 사람들을 많은 신자로 끌어들였는데, 당국의 탄압은 나날이 심해 가서 드디어 교회는 문을 닫고 말았다.

신자들은 윌링엄 푸르스타의 제안에 따라 네덜란드로 망명할 결심을 했다. 당시 네덜란드는 신교의 일파인 캘빈파의 지배 아래 있었다. 1608년, 남녀 어른, 아이 합쳐 102명이 영국을 떠나 암스테르담으로 건너갔다.

그러나 같은 신교도이긴 하지만 네덜란드에서 그들은 과히 환영을 못 받았고, 이주의 생활 또한 궁핍하고 곤란하여 드디어 그들은 신대륙 아메리카로의 이주를 결심했다.

1620년 8월, 일행은 이주 허가와 신교 자유의 묵인을 약속받고 처음에는 라이덴에서 스피드웰호라는 배로 떠났다. 이때, 두 지도자 중의 한 사람인 푸랏드 포드는 그들 자신을 순례자라고 불렀다. 이 말은 신약성서의 말에서 따온 것이었다.

그들의 항해는 본국 정부에서 묵인한 것이니만큼, 수십 명의 런던 사람이 메이플라워호로 같이 가게 되어 있었다. 두 배는 잉글랜드 남쪽 항구 서전푸톤에서 만나 8월 14일 모국을 떠났다. 그런데 가는 도중에 메이플라워호로 옮겨 탔다. 이리하여 스피드웰호는 인연이 닿지 않아 이 역사적인 장도에 참가하지 못했던 것이었다.

메이플라워호는 5개월 만인 12월 11일에 신대륙에 당도했는데, 폭풍우와 조류에 휩쓸려 애초의 목적지였던 버지니아보다는 훨씬 북쪽인 매사추세츠의 프리마스에 상륙하지 않으면 안 되었다.

상륙 직후의 그들의 생활은 험악한 자연적 여건과 야만스러운 원주민들의 적개심으로 말할 수 없이 고생스러웠다. 이들보다 먼저 영국인으로 신대륙에 건너온 이들도 있었지만, 그들의 대부분은 상류계급의 인사들이었고, 또는 유명한 월터 롤리처럼 모험적 흥미에서 온 것이었다.

그러나 이들 메이플라워호를 타고 온 일행은 신앙의 자유를 찾아 하느님의 나라를 세우겠다는 높은 이상을 가지고 이주했던 것이었다.

그들은 먹고살기 위해서 우선 육체적 노동을 하면서 교회를 짓고 학교를 설립하는 등 이상의 실현을 위해 힘썼다. 이같이 작으나마 신대륙에 뿌려진 한 알의 씨앗은 미국이라는 풍성한 장래의 열매를 위한 토대가 되었다.

그들이 정착한 북동부 아메리카는 그 전통을 이어받은 청교도적 이상주의 문화를 키워왔으며, 남부의 현실주의적 물질문화와 날카로운 대립을 보였다. 이 대립이 노예제도의 시비를 둘러싸고 격화되어 충돌을 빚은 것이 남북전쟁인데, 문제는 그것으로 완전히 해결된 것은 아니었다. 현대의 미국 사회는 아직도 이 이질적인 두 요소가 같이 나란히 뒤엉키며 한 통 속에 있다고 보아야 할 것이다.

뉴턴의 사과

1642년 이탈리아의 과학자 갈릴레이가 죽었다. 같은 해에 영국의 울소프라는 조그마한 촌락에서 뉴턴이 태어났다. 소년 뉴턴은 마치 그 손에 톱과 대패를 들고 이 세상에 나온 것처럼 손재주가 있었고, 상상력도 풍부했다.

어떤 이들은 뉴턴을 시계점 점원으로 보내라고 하기도 했다. 그 당시 시계를 만들거나 고치는 직공은 손재주 있는 사람이 하는 것으로 알았다. 어떤 사람은 뉴턴을 가구 만드는 목수감이라고 생각했다. 사실, 그는 매일 해시계와 물시계를 만들었으며, 그것이 지금도 울소프에 남아 있다. 1661년에 케임브리지대학에 들어갔는데, 전염병이 만연하여 한때 대학이 휴교하여 시골로 돌아왔다.

그의 유명한 3대 발명, 즉 만유인력의 법칙, 미분·적분법, 광선의 분석은 바로 이때 착상을 얻은 것이라 한다. 뉴턴은 평생 독신으로 지냈는데, 그는 언행에도 남달리 기발한 데가 많았다. 도대체 사과가 나무에서 떨어지는 것을 보고 '만유인력'을 연상한다는 것이 보통 일인가. 여간 비약적인 상상력이 아니면 어림도 없는 착상이었다. 달걀을 찌려고 더운 물속에 시계를 삶은 이야기는 너무도 유명하거니와, 그런 이야기들을 보더라도 뉴턴이 얼마나 한 가지 일에 열중하는 성격인지 잘 알 수 있다.

그의 애견(愛犬)에 대한 일화도 재미있다. 개의 이름은 다이아몬드였다. 다이아몬드는 뉴턴의 서재에 마음대로 드나들고 있었는데, 뉴턴은 별로 신경을 쓰지 않고 있었다. 어느 날 중요한 문제를 해결하기 위한 방정식이 잔뜩 적혀 있는 종이를 테이블 위에 두었는데, 다이아몬드가 그 위에 기어 올라와서 잉크병을 뒤집어 엎었다. 아무리 귀여워하던 개지만, 이때만은 아연실색하지 않을 수 없었다. 그러나 그는 애견을 벌주지는 않았다.

　"아하, 다이아몬드야, 너는 네가 무슨 일을 저질러 놓았는지 모르겠지?"
라고 말할 뿐이었다.

　"나는 해변에서 장난치며 놀면서 조그만 돌과 조개를 줍고 좋아하는 아이들과 같았다. 진리의 대해(大海)가 눈앞에 놓여있는 것을 보면서……."

　이것은 뉴턴의 회상인데, 그가 자신을 아이와 비유한 것은 결코 우연한 일이 아니다. 어린아이와 같이 솔직하고 편견 없는 눈을 가졌던 까닭으로, 진리로 향한 길을 발견한 것이 아니겠는가.

오줌 누는 아이

벨기에의 수도 브뤼셀의 중심에 있는 그란푸라스 광장에서 조금 가면 4, 5세가량의 귀여운 사내아이의 부론스 상이 세워져 있다. 어린아이는 태어났을 때의 모습 그대로이며, 유명한 여행안내인 데카의 말을 빌리자면, '극히 자연스럽게' 액체를 방출하고 있다. 이것이 그 천진스러운 자세로 인해 세계의 모든 사람에게 친근감을 주고 있는 '오줌 누는 아이'의 원형이다.

이 조각이 17세기 전반에 벨기에의 조각가 데유게노아의 손으로 제작된 것은 분명한데, 무슨 까닭으로 그런 조각이 주문되었으며, 더더욱 시가지 중심에 세워졌는지는 확실치 않다. 어쨌든 16세기 후반에서 17세기에 걸쳐 벨기에를 포함한 네덜란드 일대가 당시의 강대국인 스페인의 지배 아래 있던 무렵의 에피소드에서 생긴 것은 틀림없는 것 같다.

일설에 따르면, 이 소년은 현재 동상이 서 있는 부근의 어느 건물에 부모와 함께 살고 있었는데, 어느 날 계단 위에서 동상의 모양과 같은 자세를 취했다. 소년에게서 방출된 소변은 때마침 그 아래 서 있던 스페인 병사 머리 위에 떨어졌다. 억압자에 대한 반항심이 팽팽해 있던 시대이니만큼 동심의 아무 뜻 없는 동작도 하나의 민족적 감정을 대표하는 영웅적 행위로 받아들여져, 그것을 기념하기 위해 동상이 세워진 것이라고 한다.

좀 더 극적인 전설도 있다. 이에 따르면, 스페인군의 공격으로 시가에 불이 붙었을 때 어린아이 하나가 양군이 대치하고 있는 복판으로 아장아장 걸어가더니 타오르는 불길을 향해 오줌을 누었다고 한다.

이 두 이야기는 다 저항운동의 역사적 기념비로서 동상을 해석하고 있는 것인데, 그것과는 관계없는 이야기도 있다.

어느 시회 의원의 어린아이가 미아가 되었다. 아이의 아버지는 팔방으로 돌아다니며 찾는 한편, 어린아이를 찾는다면 그 찾는 순간의 모습을 동상으로 만들어 시에 기부하겠다고 약속했다. 어린아이는 무사히 발견되었는데, 발견되던 당시의 자세가 그러했다고 한다.

이 동상은 또한 후일담도 적지 않다. 18세기 중엽, 오스트리아 여왕 마리아 데레사의 즉위와 이에 대한 프로이센의 프리드리히 대왕의 간섭이 도화선이 되어 일어난, 소위 오스트리아 왕위 계승 전쟁은 유럽 전역으로 파급되어 각국이 뒤엉켜 싸우게 되었다. 영국과 네덜란드 간에도 포격전이 벌어졌는데, 그중에서도 가장 치열한 충돌은 벨기에의 후온토노아에서 일어났다. 이 싸움에서 영국은 네덜란드군을 격파하고 그 지방 일대를 약탈, 짓밟았는데, 이때 '오줌 누는 소년상'도 그 화를 입어 영국군이 약탈을 해갔다.

동상이 물 건너 영국 본국에 가는 길에 이번에는 프랑스 군과 충돌이 생겼는데, 이 싸움에서 프랑스 군이 승리하여 동상은 프랑스 군의 수중으로 옮겨졌다. 프랑스 군은 그 동상을 본국으로 가져갔는데, 그들은 문화를 알았다. 루이 15세는 브뤼셀의 역사적 미술품이 부당하게 약탈당한 것을 알자, 이를 유감으로 생각하여 다시 돌려보냈다. 이때 사죄의 뜻과 함께 호화롭게 수놓은 의상까지 한 벌 같이 보냈다. 이 우아한 인사가 하나의 좋은 관례를 만들어, 이 동상은 때때로 각국에서 보내는 의상을 선물로 받았다. 그 컬렉션만 하더라도 매우 흥미롭다고 한다.

이보다 더 흥미로운 것은 제1차대전 말기에 생긴 일이다.

벨기에는 전쟁 중 줄곧 독일군의 점령 아래 있었다. 연합군이 제2차 전선을 전개하여 일대 반격전을 벌이자, 드디어 브뤼셀도 해방이 되었다. 독일군을 몰아낸 미국군은 자유 브뤼셀을 기념하기 위해 조그만 수병복을 동상에 선물하기도 했다.

이리하여 이 조그만 동상이 역사의 흐름 속에서 시민의 독립과 자유를 상징하는 것으로 나타나고 있는 것은 재미있는 일이다. 일찍이 예수가 말한 것처럼 어린아이에게는 하느님의 특별한 은총이 깃들어 있는 것 같다.

화필畵筆을 들고 시작해 보시오

네덜란드의 대화가 렘브란트(1606~1669)는 어떻게 그리면 좋겠느냐는 질문에 대해서,

"화필을 손에 들고 시작해 보시오."

하고 대답했다고 한다.

어떻게 할 것인가, 생각만 하고 있을 것이 아니라 실행하라는 것이었다.

행동을 개시하는 동안에 어떻게 할 것인가 하는 방법도 발견하게 된다. 렘브란트는 이 말에서 알 수 있듯이 손을 잡아 주듯이 가르치는 사람이 아니라 스스로 생각하게 하고, 자기 자신이 궁리해 내도록 하는 지도 방법을 썼던 모양이다. 따라서 가르치는 방법도 엄했다.

렘브란트의 감독 아래 암스테르담의 부레멘그라하트의 파크하우스에서 여러 제자가 일을 했다. 제자들 간에는 자유분방한 보헤미안 기질이 있었다. 이것은 젊은 예술가들 사이에는 흔히 있는 일인데, 하루는 한 제자가 여자 모델이 필요해서 한 처녀를 모델로 고용하여 자기 방으로 데리고 들어갔다. 다른 제자들은 호기심에서 방문 틈에 눈을 대고 서로 번갈아 가며 나체의 소녀를 들여다보았다. 이때 렘브란트도 그 자리에 나타나서 틈새로 방 안을

들여다보았다. 잠시 후에 방 안에서는,

　"이제 우리는 에덴 낙원의 아담과 이브가 되었다."

라는 말이 들려왔다. 화실 안의 제자도 나체가 되었던 것이다.

　그러자 렘브란트는 문을 두들기며 큰 소리로 외쳤다.

　"그러나 너희들은 벌거벗었으니, 낙원에서 나오지 않으면 안 된
다."

　결국 그들은 벌거벗은 채 옷도 못 입고 화실에서 쫓겨나고 말았
다. 두 남녀는 벌거벗은 채 밖에 나갈 수도 없고, 계단 중턱에서 거
우 몸을 가렸다고 한다.

과인은 국가이니라

백년전쟁(1339~1453) 이래 프랑스에서는 중앙집권의 경향이 갑자기 강화되었는데, 16세기 말에 부르봉왕조가 성립되고 18세기 중간에 루이 14세가 왕위에 오르자, 국왕의 절대적 전제 권력은 그 절정에 달했다. 귀족들의 왕권에 대한 저항 세력도 있었으나, 재상 마자랑은 일부 귀족의 반항으로 나타난 프론드의 반란을 누르고 왕권을 반석 위에 올려놓았다.

한편, 대외적으로는 독일의 집안싸움인 '30년 전쟁'에 교묘히 간섭하여 유럽의 지도권을 장악했다. 또 재무장관 골벨은 중상주의 정책을 써서 국고 수입을 많이 올렸다. 이리하여 프랑스는 유럽에서 으뜸가는 강국이 되었고, 국왕 루이 14세의 위세는 천하를 눌렀다.

루이 14세 자신도 자기의 권위를 충분히 의식하고 아마도 인간에게 허락되는 최고의 전제권을 발휘했다.

국사를 처리할 때, 왕의 전단(專斷)을 간하는 신하가 있었다.

"아무리 군주라 할지라도 나라의 이름으로 하는 일은 대신들의 동의를 얻어야 하며, 전단은 아니 됩니다."

이런 의미의 말을 하자, 루이 14는 대답했다.

"나라? 그것은 과인을 말함이로다."

또 무슨 일이 선뜻 진행되지 않고 약간 지체된 적이 있었을 때 루이 14세는 다음과 같이 말했다고 한다.

"과인은 하마터면 기다릴 뻔했다."

이와 같은 강력한 절대군주제는 중세 이래의 귀족 계급과 르네상스 이후에 생긴 신흥 시민계급의 균형 가운데에 유지되는 것이었다. 그리고 그들에 대한 지배를 정당화하고, 그들을 이해하게 시키기 위한 이론적 무기로서 제왕신권설(帝王神權設)이 만들어졌고, 이 이론은 루이 14세 때에 완성되었다. 그 대표적 이론가인 황태자의 스승 슈애의 저서 〈성서의 말에 기원하는 정치〉에 다음과 같이 쓰여 있다.

"우리가 이미 본 바와 같이 모든 권력은 하느님께서 주신 것이다. 성 바오로는 말했다. '통치자는 너를 이롭게 하기 위한 하느님의 사자이다. 그러나 악을 저지르면 두려워하라. 그는 헛되이 검을 차고 있지 않다. 하느님의 사자로서 악을 저지른 자를 노여움으로 보복할 것'이라고."

이같이 통치자는 지상에 있어서 하느님의 사자이며 하느님의 대리인으로서 행동한다. 하느님은 통치자를 통해서 지상을 지배한다. 따라서 옥좌는 일개 인간의 옥좌가 아니라 하느님 자기의 옥좌인 것이다.

"하느님은 무한이며, 전부이다. 군주는 군주로서의 일개인으로 볼 수 없다. 군주는 하나의 공적 인격이다. 전 국가는 그의 수중에 있으며, 전 인민의 의사는 그의 의사 속에 포함된다. 모든 온전한 것과 모든 권력이 하느님 곁에 집중되어 있듯이 각 개인의 모든 힘은 왕의 인격 속에 집중된다. 일개 인간이 이처럼 많은 것을 나타낸다는 것은 얼마나 위대한 일이던가? 그는 천상의 높은 옥좌에서 전 우주를 다스리는 하느님의 영상이다."

이같이 신격화한 루이 14세의 긍지와 교만은 끝이 없었다. 그는 나라 살림이 부강하다고 하여 이롭지 못하고 명분도 없는 싸움에 자주 군대를 보냈으며, 이 때문에 국고가 낭비되고, 그 부담은 자연 국민에게 전가되었다. 또 만년에 이르러서는 신교도의 보호가 보장되어 있던 낭트 법령을 없애 버렸기 때문에 신교도이던 많은 상공업자가 국외로 이주하여 프랑스의 경제는 큰 타격을 받았다. 여기에서 이미 프랑스혁명이 싹트게 될 사회적 모순의 씨앗이 뿌려졌던 것이다.

루이 14세 치하에서 프랑스는 대번영을 이룩했고, 문화에서도 코르네유와 라신, 몰리에르와 같은 고전파 예술의 꽃을 만발하게 했으나, 프랑스 왕권은 이때 서서히 내리막길로 들어서고 있었다고 할 수 있다.

자유 아니면, 죽음을 달라

아메리카 독립전쟁 당시 1775년 버지니아의 지사 헨리(Henry, Patrick 1736~1799)가 그 지방 대의원회에서 한 연설의 마지막 구절이다. 자치 독립을 열망하는 북미 각주의 저항과 이를 저지하여 본국을 이롭게 하려는 영국군과의 대립은 필연적으로 전쟁으로 발전할 운명에 있었다.

당시 각 주는 영국의 기반에서 벗어나기를 원하는 데 있어 적극적인 그룹과 비교적 소극적인 그룹으로 나뉘어져 있었다. 이때 정세는 남쪽 버지니아 식민지도 그 태도를 분명하게 해야 할 막다른 골목에 몰려 있었다. 이때 헨리는 간청이나 타협으로 이야기할 시기는 이미 지났으며, 이젠 오로지 무기를 들고 분기하여 자유를 위하여 싸우는 길밖에는 없다고 외쳤다.

"…사태를 가볍게 넘기려고 하는 것은 소용없는 일입니다. 여러분은 평화, 평화를 외칠지 모릅니다. 그러나 평화는 없습니다. 전쟁은 눈앞에 시작되고 있는 것입니다. 북쪽에서 불어치는 다음의 바람은 칼과 칼이 부딪치는 소리를 우리의 귀에 전할 것입니다. 우리 동포는 이미 전지에 나서 있습니다. 우리는 어찌하여 팔짱만 끼고 있는 것입니까. 여러분이 바라는 것은 무엇입니까. 생명은 귀하고, 평화는 달콤하고, 쇠사슬에 묶여 노예가 되어도 그것을 바라는 것입니까? 어림도 없는 일입니다. 다른 사람들은 어떤 길을 선택할지 모르나, 여기 나는 이렇게 외칩니다. 우리에게 자유를 달라, 그렇지 않거든 죽음을 달라!"

군주는 국가의 첫째 하인이다

계몽주의를 받들던 프로이센 왕 프리드리히 대왕(1712~1786)은 가톨릭이거나 프로테스탄트 이거나 너무 한쪽으로 치우치는 자를 좋아하지 않았다.

"나의 국가에서는 모든 종교는 관용되지 않으면 안 된다. 나의 국가에서는 각자의 좋은 대로 행복하게 될 수 있다."

고 말했는데, 그는 자유사상가를 존중했으며 신앙을 속으로는 비웃고 있었다. 특히 대왕이 싫어하는 것은 기적을 믿는 일이었다. 왕의 테이블 위에는 분수가 있었고, 거기서 솟아오르는 물에서 좋은 향기가 풍겼다. 어느 날 분수가 막혀 물이 나오지 않았다. 궁정의 과자 만드는 사나이가 아무리 고치려고 애를 썼건만 물은 솟아나지 않더니, 잠시 후에 소리 없이 물이 다시 솟아올랐다. 그러자 대왕은 빙긋이 웃으며 파스테아니 사제에게 물었다.

"가톨릭의 나라에서는 이것을 기적으로 인정하겠구먼."

이때 사제는 침착하게 대답했다.

"폐하가 계신 곳에서는 무리한 일일 것입니다."

또 이런 이야기가 있다.

한 병사가 성모 마리아의 제단에 있는 은그릇을 훔치다가 들켰는데, 그는 마리아가 용서하셨다고 거짓말을 했다. 대왕은 그 병사의 속을 알면서도 모르는 척하며 사제에게 물었다.

"그런 기적도 있는 것인가?"

"있을 수 있습니다."

사제는 아니라고도 할 수 없어서 이렇게 대답한 것이다.

물건을 도둑맞은 수도원은 기분이 나빴으나 대왕은 모르는 척하고 그 도둑을 용서했다. 그러나 다음과 같이 주의를 시켰다.

"두 번 다시 마리아한테서 그런 선물을 받지 않도록 해라!"

이것을 보면, 대왕은 종교에 대해서 매우 냉소적이었다.

그러나 그는 종교를 박해하지는 않았다. 그는 군비를 증강하고, 산업을 장려하고, 프로이센의 국의 발전에 이바지한 바 크다.

"군주는 그 나라의 첫째 하인이다."

라고 하는 것이 프리드리히 대왕의 신조였는데, 당시의 왕으로서 이만한 겸손한 생각을 갖기도 어려운 일이다. '남을 부린다는 것은 쓰이는 일'이라고 한 말을 연상케 한다.

포촘킨의 벽

러시아가 유럽 쪽으로 창문을 열게 했다고 하는 표트르 대제가 죽은 후, 그의 사업을 계승하여 러시아를 중앙집권적인 강국으로 키워 낸 것은 여왕 예카테리나 2세(캐서린 2세)였다. 그녀는 좋은 의미로나 나쁜 의미로나 역사상 드문 여걸이었던 것만은 사실이다. 우선 그녀가 왕위에 오르게 된 경위부터가 매우 극적이었다.

그녀는 원래 독일 태생이며, 같은 독일인인 표트르 3세의 황후였었다. 남편은 그녀를 별로 좋아하지 않았고, 마침내 이혼해 버릴 계획이었다. 이것을 눈치챈 그녀는 선수를 쳐서 쿠데타를 감행하기로 결심했다. 그의 남편은 평범하며 귀족 간에 별로 인기가 없었던 데 반해, 그녀는 귀족들을 시켜 지방 행정에 직접 간여하게 하는가 하면, 군 복무와 세금을 면제시켜 주기도 하고, 결정적으로는 귀족 영지의 농노에 대해 절대적인 통제권을 허용해 줌으로써 그들 신망을 얻고 있었다.

1762년 6월 그녀는 정부인 근위 사관 그레고리 오를로프와 짜고 근위 연대가 반기를 들고 일어나서 황제를 가두고, 그녀의 황제 즉위를 선포하기에 이르렀다. 표트르 3세는 며칠 후 그레고리의 아우 알렉세이에게 살해됐다. 그리고 이 알렉세이도 또한 그녀의 정부가 되었다.

실로 놀라운 의도이기는 했지만, 황제로서의 그녀는 매우 유능했다. 그녀는 프리드리히 대왕 등에 의해 행해지고 있던 계몽주의 전제정치를 본떠서 크게 러시아의 국세를 강화했다.

그녀는 프로이센과 오스트리아와 공동으로 폴란드를 분할했고, 터키와 싸워 발칸반도로 진출하는 등 침략적인 강경책을 취하는 한편, 법제를 근대화했다.

그녀의 비호를 받고 있던 디드로는 그녀를 평하여,

"클레오파트라의 외모에 풀스타의 혼을 갖고 있다."

고 했다.

다소 아부를 띤 말이긴 하지만 사실과 전혀 상반되는 것도 아니다.

한편, 그녀의 남성 편력도 더욱 왕성해졌다. 왕위에 오르기 전에 그녀에게는 오를로프 형제 이전에도 정부가 있었으며, 왕위에 오르고 나서는 포촘킨에게 애정을 쏟았다. 그는 여왕의 애인 중에 특이한 존재였다. 먼저 그는 다른 정부들처럼 잘생긴 사나이가 아니었다. 아니, 그리스 신화에나 나오는 외눈박이의 추하게 생긴 거인처럼 생겼다는 것이 더 맞을 것이다. 그러나 그는 뛰어난 정치적, 군사적 재능을 가지고 있었다. 그는 1769년 제1차 터키와의 싸움에서 크게 공을 세워, 그 후 수년 사이에 이미 여왕이 가장 신임하는 제일급신하의 위치에 올랐었다.

정부로서의 위치는 얼마 후에 다시 새로운 인물에게로 빼앗겼지만, 신하로서의 신뢰는 변하지 않았다. 그도 그 재능으로써 여왕의 신임에 보답하고 있었다. 그는 군제를 개혁하여 여왕의 권력을 강화했다. 흑해 함대를 창설하여 이것을 남방 진출의 굳센 발판으로 삼았다. 제2차 터키와의 전쟁의 성과는 그의 공이었다.

1789년, 여왕은 포촘킨의 권유로 남방 여행에 나섰는데, 이때 야말로 포촘킨의 영광은 절정에 달해 있었다. 그는 여왕을 영접하기 위해 많은 사람을 동원하고 비용을 아끼지 않았다. 그것은 마치 아라비안나이트를 연상케 하는 한 장면이었다. 아름답게 장식된 연도에는 군중이 환호성을 울리고, 밤하늘에는 꽃불이 폭포같이 솟아올랐다. 적어도 길가의 여왕 눈에 뜨일 만한 장소는 모두 깨끗이 수리되고 장식이 되어 있었다. '포촘킨의 동네', '포촘킨의 벽'이란 말이 이때 생겼다고 하는 걸 보아도, 그의 여왕에 대한 봉사가 얼마나 지성이었는지를 짐작할 수 있다. 여왕의 만족은 이루 말할 수 없었고, 인신으로서 최고의 영예인 공작의 칭호를 그에게 선사했다.

그러나 이 대성공을 분수령으로 하여 그의 생애는 내리막길로 향했다. 같은 해, 제2차 터키전쟁이 일어나고, 포촘킨은 전쟁을 지휘하기 위해 오랫동안 여왕의 곁을 떠나 있어야 했다. 그 사이에 여왕에게는 새로운 정부가 분에 넘치는 총애를 받고 있었다. 이미 노령의 여왕은 손자만큼이나 나이 어린 사나이에게 야릇한 애정의 불길을 태운 모양이었다.

포촘킨은 이 소식을 전해 듣고는 젊은 간신배를 물리치고자 페테르부르크에 돌아왔는데, 여왕은 그러한 간섭을 오히려 물리치며 포촘킨을 멀리하고 말았다. 그는 여왕의 명으로 지방으로 가는 도중, 갑자기 병으로 죽고 말았다. 여왕의 새 정부에게 독살된 것이라고도 하며, 열병에 걸려 죽은 것이라고도 전한다.

여왕과 그 정부 사이에 일어난 이야기는 역사의 이면으로 볼 수 있는데, 다분히 흥미 본위의 허구가 들어 있을 것이다. 그러나 이와 같은 인간의 어두운 정열도 역사를 움직이는 하나의 커다란 요소가 되었을 것은 틀림없다.

3퍼센트의 진실

경구(警句)의 대가 리히텐베르크(1744~1799)의 말 중에,
 "매우 소중한 물건은 뚫린 관(管)으로 되어 있다. 남자의 생식기, 펜, 그리고 소총……. 그렇다. 인간은 착잡한 관 이외에 무엇이겠는가?"
라는 내용이 있다. 아닌 게 아니라 소중한 것은 다 뚫린 관인 듯하다.
 리히텐베르크는 어느 해의 신문을 한데 철하도록 하고, 그것을 책처럼 읽어 보려 했다. 그것으로써 전체의 인상을 붙들어 보려고 한 것이었다. 1년분의 신문을 그와 같이 읽고 난 후 그의 소감은 다음과 같았다.
 "나는 이런 짓을 두 번 다시 안 하겠다. 애쓴 보람이 없었다. 전체를 개괄해 보면 그릇된 희망이 50%, 그릇된 예언이 47%, 진실은 겨우 3%에 불과했다."
 오늘의 신문은 리히텐베르크가 단언한 것과 얼마나 달라졌을까? 그때와 비하면 오늘의 신문의 신빙성은 높아졌고, 3%의 영세한 숫자에 머물러 있지는 않을 것이다. 이 말은 신문의 진실성이 문제가 될 때 자주 인용되고 있다.
 리히텐베르크는 곳곳에서 경구를 말하고 있는데,

"그들은 조국애의 이름으로 조국이 깔깔 웃고 말 그런 말을 쓴다."
라고 한 말에도 그것이 나타나 있다.

조금 더 빛을

이것은 괴테가 임종 때 한 말로 알려져 있다. 밝고 따뜻했던 괴테의 인생관 표현이라고도 볼 수 있고, 괴테의 생애를 통한 그 구도 정신을 잘 나타내고 있는 말이라고도 할 수 있다. 이 말은 괴테에게 가장 적절했다.

이 말의 출처는 1833년 베를린에서 발표된 괴테의 주치의가 행한 병상 보고서이다. 의사는 말하고 있다.

"…내가 임종에 앞서 잠깐 그 방을 떠난 사이에 '조금 더 빛을 ……'이라고 말했다. 이분은 어떠한 어둠도 싫어했다."

괴테의 문학과 그 생활이 늘 밝은 곳을 향하고 있었던 것은 주지의 사실이다. 인생의 어두운 면보다는 밝은 면을, 모순과 반목보다는 조화와 이해를 지향했던 것이었다.

1832년 6월의 '일반문학신문'에는 괴테가 하인인 프리드리히에게 '서재의 두 창문의 덧문도 밝은 빛이 들어오도록 열어 두라'라고 말했다고 쓰여 있다.

또 다른 설에 의하면, 괴테는 임종 때 아무 말이 없었다고 하기도 한다. 믿을 만한 측근자의 말에 의하면, 괴테의 최후 말은 그가 귀여워했던 며느리에게 한 다음의 말이라고 한다.

"이리 가까이 온. 내 딸아, 내 손에 악수하여 주렴."

이 말이 사실이라 하더라도, 늘 인간 상호 간의 친화를 이상으로 삼았던 괴테의 따뜻한 체온이 감지되는 말이다. 그런데 괴테의 인간성과 그리고 그 문학에 걸맞은 것은 아무래도 '조금 더 빛을 ……'이라는 말이 아닐까?

반역이 아니라 혁명이다

1789년 7월 14일, 무더운 여름밤. 파리의 시민들은 일대 폭동을 일으켜 바스티유 감옥을 습격했다. 바스티유 감옥은 주로 정치범들을 수용하고 있었으며, 사람들은 이 감옥의 높은 담을 볼 때마다 이를 갈았었다. 이것이 프랑스 대혁명 최초의 횃불이었다.

벌써 민심은 흉흉하며 불온한 공기가 감돌고 있었으나, 궁정 안의 호화롭고 무위한 생활은 그날도 변함이 없었다. 이날 루이 16세의 일기에는 '무(無)'라는 단 한 개의 단어가 쓰여 있었다. 사냥 갔다가 아무것도 잡지 못했다는 뜻이다.

밤이 늦어, 왕에게 바스티유 습격 소식이 전해졌다. 보고를 듣고 난 국왕은 깜짝 놀라 큰 소리를 질렀다.

"뭣이라고? 그건 반역이 아니던가?"

그러나 신하는 명확히 대답했다.

"폐하, 이것은 반역(révolte)이 아니오라, 혁명(revolution)입니다."

이 일화는 루이 16세가 민중에 대해서 얼마나 무관심하고 무지했던가를 말하고 있으며, 한편으로는 프랑스 사람이 말의 뉘앙스를 존중하는 전통을 가지고 있다는 것을 나타내고 있다고 할 수 있다.

이때, 왕비 마리 앙투아네트는 계몽전제군주의 한 사람으로 이름이 높던 오스트리아 여왕 마리 테레지아의 딸로서, 1770년 당시 황태자이던 루이 16세와 결혼하여 남편이 왕위에 오르면서 왕비가 되었던 것인데, 그녀의 존재는 마침내 몰락하려는 프랑스 왕실의 마지막 꽃과 같은 느낌이 있었다. 이에 대해서 칼라일은 〈프랑스혁명〉에서 다음과 같이 쓰고 있다.

"아름다운 왕비는 눈부신 대궐 안을 마치 여신처럼 걸어 다니며 만인의 눈길을 끌었다. 그는 국사에는 일절 모르는 척했으며, 내일 일은 걱정하지도 않았다. 미래에 어떤 두려움이 닥칠 것을 미리 겁내는 일도 없었고, 꿈에도 생각지 않았다. 현실이면서도 마법사의 번갯불 같은 환영이여! 왜냐하면 어제까지의 이 호화롭던 여신은 하루아침에 먹물 같은 어둠이 집어삼키고 말았으니……."

철없는 행복감 속에 잠겨 있던 왕비 앙투아네트는 그녀가 아름다운 만큼 파리의 민중들에게는 눈엣가시처럼 보였다. 왕비의 사치, 경솔, 무지는 민중의 비난을 샀다. 베르사유 궁전 밖에서 군중들이 빵을 달라 아우성을 치고 있을 때 왕비는 그 광경을 이상히 여기며,

"빵이 없으면 과자라도 먹지!"

하고 말했다고 전한다.

실제로 그런 말을 했는지, 아니면 풍자작가의 창작인지 어느 쪽이든지 간에 그녀가 민중의 생활에 대해서 무지했다는 것만은 사실이다.

그녀는 혁명이 일어난 뒤 왕과 함께 오스트리아로 망명하려다가 운 나쁘게 성난 군중에게 잡혀 한동안 감옥에 갇혔다가 1793년

에 처형되었다. 사형선고가 내렸을 때도 그녀는 별로 안색이 변하지 않았다고 한다. 다만, 이따금 피아노를 치듯이 손가락 끝을 움직이고 있었다고 한다.

열다섯 살에 시집온 그녀는 이때 서른여덟 살이었는데, 잠깐 사이에 머리가 반백으로 변했고, 루이 16세의 뒤를 따라 기요틴의 형틀 위에서 목이 잘렸다. 옥리는 '공화국 만세' 소리가 진동하는 가운데에 그 목을 번쩍 들어 군중에게 보였다.

라 마르세유의 유래

프랑스의 국가(國歌)는 '라 마르세예즈'라고 불린다. 그 뜻은 '마르세유의 노래'인데, 여기서 마르세유는 프랑스 남쪽 론강 어귀에서 동쪽으로 40km 거리에 있는 지중해 최대의 무역항이다. 그런데 한 나라의 국가가 어떻게 일개 지명으로 표시되어 있는가. 여기에는 역사적인 이유가 있다. 1792년에 들어서자, 프랑스 국내는 대혁명으로 인해 분란이 극에 달해 있었다. 유럽의 여러 나라들은 프랑스의 왕실을 옹호하려고 떠들썩했다.

의회는 국왕 루이 16세를 압박하여 오스트리아에 선전을 포고하게 했다. 이때 북프랑스의 도시 스트라스부르에 공병 부대가 주둔하고 있었는데, 그 부대 안에 루제 드 릴이라는 젊은 장교가 있었다. 그는 시를 짓고 음악에도 소질이 있었다.

때마침 이 지방에서는 의용군 일대대가 출발하게 되었는데, 시장이 그 공병 장교에게 출정하는 청년들을 위해서 새로운 군가를 하나 만들어 달라고 부탁했다. 그리고 루제 드 릴은 별실로 들어가서 하룻밤 사이에 지금의 '라 마르세유의 노래'를 만들어 냈다. 그 당시의 제목은 '라인군의 군가'였다.

이튿날 아침, 극장의 전속 가수가 이 노래를 연습하여 정오가 되어 광장에 모인 출정 병사 6백 명 앞에서 처음으로 불리게 되었다. 이 노래에 감격한 의용군은 금방 9백 명으로 불어났다.

　'라인군의 군가'는 바람과 같이 부대에서 부대로 퍼졌으며, 8월 10일 루이 16세가 왕위를 물러나던 날, 궁정을 향해 상경해 온 마르세유의 의용부대가 처음으로 소리 높이 그 노래를 부르며, 샹젤리제의 큰 거리를 행진했다. 그리고 파리시에 비상한 센세이션을 일으켰다. 파리의 시민들은 마르세유에서 온 의용군에서 처음으로 이 노래를 들었으므로, '마르세유 사람의 군가'라고 했고, 이것이 '라 마르세예즈'가 된 것이다.

오로지 용기

1789년 7월 14일 바스티유 감옥 습격으로 불꽃을 당긴 프랑스 대혁명은 점차로 그 규모가 확대되어 유린당한 인권을 선언하는 동시에 군주제를 넘어뜨리고 공화국 수립으로 전진했다. 그리고 루이 16세는 호화로운 궁전에서 끌려 나와 단두대에서 무참히 처형되었다.

혁명 세력에는 두 파가 있었다. 상공업, 중산층 시민을 대표하는 지롱드당과 노동자·농민, 하층 계급을 대표하는 자코뱅당이 그것이다. 혁명을 급진적으로 열을 올리게 한 것은 자코뱅당의 힘이었다. 그만큼 그들의 세력은 강했다.

1793년 6월, 자코뱅당은 의회에서 지롱드파 의원들을 몰아내는 데 성공하고, 의회를 독점했다. 그뿐만 아니라 집행기관인 공안위원회와 검찰기관인 보안위원회까지 수중에 넣고, 혁명 재판소를 설치하여 눈에 거슬리는 자는 닥치는 대로 기요틴에 걸며 일대 공포 정치 시대를 열었다. 왕비 앙투아네트도 이때 결국 처형되었다.

자코뱅당을 이끄는 인물은 마라, 당통, 로베스피에르 세 사람이었다. 이번에는 이들 사이에 맹렬한 세력 다툼이 벌어졌다. 마라가 왕당파의 한 여성의 손에 죽자, 남은 두 사람은 서로 독재권을 잡으려고 대립했다.

당통과 로베스피에르, 이 두 사람은 성격이 매우 대조적이었다. 당통은 어디까지나 남성적이고 걸걸한 호걸풍의 사나이인 데 반해, 로베스피에르는 여성적이며 사무적이며, 결벽증이 있는 타입이었다.

자코뱅당의 독재가 성립하기 1년 전, 혁명 프랑스에서 진행되는 사건에 관심을 보인 최초의 유럽 국가들은 오스트리아와 프로이센이었다. 이들 국가는 '필니츠 선언'을 채택함으로써 프랑스 군주의 권리와 질서 회복이 유럽의 모든 군주의 공동 이해관계가 걸린 문제임을 공언했다. 그리하여 1792년 4월 입법의회는 오스트리아와 프로이센에 대해 선전포고했다. 그리고 1792년 8월경에는 오스트리아와 프로이센 연합군이 국경을 넘어 파리 함락을 눈앞에 두기에 이르렀다. 곧 의회가 소집되고 대책이 의논되었다.

이때 당통은 그 커다란 몸집을 일으켜 단상에 오르자 이렇게 외쳤다.

"적을 쳐부수는 데 필요한 것은 무엇인가? 오직 용기, 용기만이 이를 해낼 수 있다."

이 연설에서 당통이라는 인물을 단적으로 알 수 있다. 당통과 로베스피에르, 이들 두 사람이 결정적인 대립을 보인 것은 공포정치에 대한 시비에 대해서였다. 당통은 지나친 공포 정치에 환멸을 느껴 점차 타협적 경향을 보였고, 로베스피에르는 강경책을 주장했다.

마침내 이들 두 지도자는 의회에서 격렬하게 맞서게 되었다. 당통은 상대를 형식적인 위선자라고 비웃고, 로베스피에르는 상대

편을 타락한 공화주의자라고 욕했다. 의회의 결론은 마침내 로베스피에르의 강경론이 이겨 당통은 지고 말았다.

공포 정치의 불길은 당통과 그 일파를 살려 두지 않았다. 그들은 곧 혁명재판에 불려 갔다. 당통은 이미 처형을 모면할 길이 없다는 것을 깨닫고 있었다. 아내와 친구들은 도망할 것을 권했으나 그는 듣지 않았다.

"어디로 도망치란 말인가? 자유를 얻은 프랑스가 나를 내쫓는다면, 다른 나라에서 나를 기다리고 있는 것은 감옥뿐일 것이야. 신발 바닥에 조국을 달고 갈 수도 없지!"

법정에 선 당통은 관례에 따라 성명과 주소를 대야 했다.

"내 이름은 당통이다. 혁명 중에 상당히 알려진 이름이다. 내 주소는 얼마 후에 무(無) 속으로 옮겨질 것이야. 그러나 나는 역사의 기념탑 속에 살고 있을 것이다!"

당통과 그 일파는 모두 사형이 선고되었다. 처형당하는 날, 당통은 형장으로 끌려가는 마차 속에서 태연했다. 그러나 그의 심복은 그럴 수가 없었다. 그는 몸부림을 치며 고민했다. 두 손을 묶인 채 몸부림을 치자 어깨에 걸친 윗도리가 떨어졌다. 당통은 말했다.

"조용히 해라. 졸장부들이 떠들고 싶거든, 떠들라고 내버려 두는 거야."

기요틴 단두대 앞에 서게 되자 짐짓 당통도 절로 목멘 소리가 나왔다.

"오오, 사랑하는 아내여! 이젠 너와 만날 길도 없구나!"

그러나 그는 스스로 한 말을 물리치며 자기를 나무랐다.

"당통, 풀죽을 것 없다."

그리고 친구가 작별 인사를 나누려고 앞으로 다가왔을 때 말했다.

"우리들의 머리통은 저 목 자르는 포대 속에 같이 담길 걸세."

그러고는 마지막으로 목을 자를 옥리를 돌아보며 말했다.

"사람들에게 내 목을 보여 주시오. 그들에게 보일만한 값어치가 있을 거야."

이리하여 용기와 긍지, 노여움, 사랑, 혁명적인 에너지 등을 묵직묵직하게 반죽한 듯한 당통은 저세상으로 떠났다. 그에게는 많은 죄악이 있었으나, 최대의 죄악인 위선은 없었다. 그는 대자연 그대로의 뜨거운 품에서 태어나왔던 불같은 존재였다.

당통이 죽은 후, 공포 정치는 한층 도를 넘어 광폭해지더니 반년이 못 가서 로베스피에르 그 자신도 처형이 되고, 이로써 급진파들이 취했던 극단적인 정책들이 무효가 되었고, 다시 왕당파가 복귀하고 해외 망명자들이 속속 귀국했다. 혁명의 종말이 드러나게 된 것이며, 다음에 기다리고 있는 것은 나폴레옹의 새로운 무대였다.

자유여, 그대 이름 때문에 사람들은 얼마나 죄 지었던가!

'자유여, 그대 이름 때문에 사람들은 얼마나 죄를 지었던가!'라는 이 말은 지롱드당의 간부였던 롤랑의 부인이 형장에서 처형당하기 직전에 한 말이다.

프랑스혁명은 지롱드와 자코뱅, 두 정당에서 추진되었는데, 중산층을 대표하고 있는 지롱드당은 온화한 공화파였고, 이에 반해 자코뱅은 급진적인 것은 이미 다 아는 사실이다. 혁명의 중간 시기까지는 온화하고 분별 있는 지롱드가 주도권을 잡고 있었는데, 혁명의 불길이 뜨거워지면서 자코뱅이 두각을 나타내고 지롱드는 거세되고 말았다.

한창 지롱드당이 득세하고 있을 무렵인 1792년 봄, 지롱드당 내각이 섰다. 이때 롤랑은 내무장관이 되었는데, 그의 미모와 재기가 뛰어난 부인은 남편을 따라 정치에도 열렬한 관심을 두고 있었다. 그녀의 살롱은 마치 지롱드당의 사령부를 연상케 했다. 남편이 장관이 된 후 부인의 활약은 더욱 활발해졌고,

"장관은 롤랑 부인이지, 롤랑이 아니야."

라는 말까지 돌게 되었다.

혁명이 진전됨에 따라 급진적 경향은 강해졌고, 1793년 자코뱅당의 주장으로 루이 16세가 사형에 처했다. 국회에서는 양당의 대

립이 격화되어 그해 6월 자코뱅파는 드디어 국회에서 지롱드당을 몰아내고 공안위원회와 보안위원회를 수중에 넣었다. 그리고 반대파에 대하여 사정없는 탄압을 가하며 소위 공포 정치를 폈다.

롤랑 부인은 이 난리 통에 다른 지롱드당 간부들과 함께 체포되었는데, 그해 12월에 재판받았다. 그녀는 흰옷을 입고 허리까지 내려온 길고 검은 머리를 늘어뜨리고 법정에 섰다. 이때는 재판했다 하면 사형이 다반사였다.

판결을 받고 감방에 돌아온 부인은 어떻게 되었는지 걱정스럽게 쳐다보는 감방의 죄수들에게 손가락 하나를 들어 보였다. 사형을 선고받았다는 표시였다. 커다란 검은 눈동자에는 눈물이 어려 있는 듯했다.

사형이 집행되는 날, 롤랑 부인은 기요틴 밑에 당도하자 옥리에게 펜과 종이를 달라고 말했다.

"때마침 문득 가슴 속에 치솟아 오르는 야릇한 상념을 적으려고 ……."

부인은 그렇게 말했다. 그러나 옥리는 이를 거절했다. 부인은 씁쓸한 표정을 지으며 중얼거렸다.

"아아, 자유여! 너의 이름 때문에 얼마나 많은 죄를 사람들은 지었던고!"

그녀의 남편 롤랑은 노르망디로 피해 있었는데, 아내의 처형 소식을 듣고 루안 근처의 길바닥에서 자살했다. 아내의 빛으로 빛나고 있었다는 말에 맞는 최후였다.

롤랑 부인에 대한 역사적인 평가는 구구하지만, 현재의 사관(史觀)에서는 준열한 비판의 눈으로 대하고 있다. 그러나 그 마지막

말에서 볼 수 있던 그녀의 재기와 그 그리스 여신과 같은 아리따
운 자태는 역사상의 한 떨기 찬란한 명화(名花)임을 잃지 않을 것
이다.

시체의 산더미에서 자유를

15세기 말엽, 콜럼버스가 아메리카 대륙을 발견한 후 많은 항해가와 모험가들에 의해 신천지의 탐험이 추진되었고, 특히 스페인의 세력은 아메리카 중남부에 뻗쳐 있었다. 그들의 세력 확대 방법은, 개척 시대에 흔히 있는 일이기는 하지만 몹시 잔인해서 원주민 인디언들은 마구 살육되었으며, 그들의 땅과 재물을 빼앗았다.

스페인 사람 코르테스가 행한 멕시코 정복은 그중에서도 가장 두드러진 것이었다. 멕시코 최후의 왕 몬데즈마 1세는 코르테스에게 항복한 후 살해되었는데, 그가 스페인의 침략에 대한 형용은 그 진실을 가장 잘 전하고 있다.

"신들은 (피에) 목말라 있다."

그리고 이 말은 그 후 수백 년 동안 알맞게 적절히 사용되었다.

1794년 프랑스혁명 당시의 일이다. 그 전해 6월 온건파인 지롱드파를 몰아낸 후 독불장군이 된 자코뱅파의 공포 정치는 비탈길을 내리지르듯 멈출 줄을 몰랐다. 혁명 재판소는 매일 조금이라도 의심이 가는 말을 한 자에게는 사형선고를 내리고, 기요틴의 단두대는 쉴 사이 없이 사람의 목을 잘랐다.

이러한 분위기는 자코뱅당파 당원들에게까지 공포감을 일으켰다. 지도자의 한 사람이던 까뮤 템란은 전날,

"시체의 산더미 위에서 자유를 포옹하자!"

라고 외치던 인물이었는데, 그는 지나친 살벌함을 다소 완화하려고 팸플릿을 만들어 냈다.

"이렇게 형벌을 주는 위원회는 수없이 있으니, 자비위원회 같은 것이 하나쯤 있는 것도 그럴듯한 일이 아니겠는가?"

그는 팸플릿에 이렇게 썼다.

팸플릿은 닷새에 한 번 정도로 자주 나왔다. 그러나 길지 못했다. 반혁명 세력에게 매수되었다는 혐의로 까뮤 템란은 체포되고 말았다. 팸플릿 최후의 발간일은 1794년 2월 3일로 되어 있었고, 다음의 말로 끝을 맺었다.

"신들은 목마르다."

이 말을 더욱 유명하게 한 것은 아나톨 프랑스의 같은 제목의 소설이다. 몽테뉴와 라로슈푸코의 흐름을 섭취한 모럴리스트의 그는 독특한 회의적인 필치로 공포시대의 한 에피소드를 소재로 삼았다. 물론 목마른 신의 처지가 아니고, 평범한 일상생활 속에서 인생의 아름다움을 찾으려고 하는 측면의 말이다. 어느 시대에나 광폭한 신들과 평범한 인간들은 존재할 것이 틀림없다.

로제타의 돌

프랑스혁명 말기인 1799년 나폴레옹 장군이 인솔하는 프랑스 군은 이집트에 원정하여 빛나는 승리를 거두었다. 나폴레옹은 싸움에 앞서,

"병사들이여, 4천 년의 세월이 피라미드 위에서 너희들의 활동을 지켜보고 있다!"

포고를 내려 병사들의 사기를 고무시켰다고 전하는데, 아마도 나폴레옹은 이때 자기 자신이 역사상에 주어진 과업을 의식하고 영광의 길을 달리기 시작했던 모양이었다.

이러한 역사의 본줄기와는 좀 떨어져서 화려하지는 못하지만, 문화사적으로 매우 중요한 사건이 일어났다. 나일강 어귀에 있는 소도시 로제타 부근에서 프랑스 군의 한 부대가 참호를 파고 있었더니 세로 길이가 1미터, 가로길이 70센티가량 되는 돌이 나왔다. 돌은 현무암인데, 평평한 표면은 세 단으로 나뉘어 각각 다른 글자로 글이 새겨져 있었다. 이러한 고고학적 발견이 있을 것을 예상하고 훈시가 있었으므로 담당 장교는 그 돌에 대해서 곧 상관에게 보고했다. 이것이 세상에 유명한 로제타의 돌이다.

돌에는 고대 이집트의 상형문자와 그 속자(俗字), 그리고 나머지 한 단에는 같은 글귀가 희랍문자로 새겨져 있는 듯했다. 학자

들은 그 돌의 발견에 열광했다. 그리스 말을 열쇠로 해 천고의 수수께끼였던 이집트 문자를 해독할 수 있다고 생각했기 때문이다. 그러나 일은 그리 쉽지 않았다. 돌의 표면이 몹시 흠이 가 있었을 뿐 아니라, 희랍 글자와 이집트 글자는 구조가 전혀 달랐으므로 오른쪽 것을 왼쪽으로 옮기듯 쉽게 갖다 맞출 수가 없었다.

이리하여 로제타의 돌은 오랫동안 쓸모없이 버림을 받고 있었는데, 인류에게 주어진 많은 수수께끼처럼 이 수수께끼도 해결되지 않을 수가 없었다. 프랑스의 동양학 학자인 실베스톨 드 상은 그리스어를 길잡이로 하여 속자의 고유명사를 몇 개 찍어 냈는데, 그 후 영국의 수학자 토마스 양은 보통 명사를 구성하는 부호를 고립시켜 속자의 텍스트 일부를 번역하는 데 성공했다.

그 무렵, 프랑스의 샹폴리옹(Champollion, J. F)이란 청년이 로제타의 돌의 수수께끼에 매달렸다. 그는 상형문자의 수가 희랍문자의 3배나 되는 것을 알고 알파벳 식임을 증명하여, 이집트 문자 해독을 진일보시켰다.

그 후 레푸시우스, 앨망 등이 이집트어의 문법을 해명하기에 이르렀다. 이집트 문자가 해독되기 이전에는 이집트의 역사는 그리스어의 문헌과 구약성서에서 전하는 것에 불과했는데, 여기에 이르러 미라와 오벨리스크의 수수께끼도 차례차례로 벗겨졌다. 로제타의 돌은 지금 런던의 대영 박물관 이집트 조각실에 수장되어 있다.

그야말로 인간이다

괴테는 18세기 후반에서 19세기에 걸쳐 오랜 생애를 살았고, 그간에 자기가 가진 예술가로서의 재능을 충분히 꽃피웠을 뿐만 아니라, 세속적으로 보더라도 바이마르의 재상으로서 사람들의 추앙을 받았다. 무릇 인생에 있어서 패배를 모르는 것 같이 보였지만, 그러한 그에게도 패전국의 시민으로서 굴욕을 참아야 할 일이 있었다.

1806년, 서남 독일제국을 지배하에 넣은 나폴레옹 군은 바이마르에도 진군하여 괴테에게도 박해를 가하려 했다. 그런데 그 후 특별한 지시가 있어, 그에게는 특별한 보호가 주어지게 되었다.

1808년 나폴레옹은 괴테를 만나기 위해 그를 초대했다. 그때로 말하면, 나폴레옹은 40세의 장년이며 '세계의 제왕'이라 할 만큼 영광의 자리에 있었다. 한편 괴테는 60살로, 말하자면 패전국의 한 노시인이었다.

괴테를 상봉한 나폴레옹은 감동에 겨운 표정으로,

"그야말로 인간이다(Voila un homme)."

하고 중얼거렸다고 한다.

여기서 '인간'이란 것은 물론 참된 의미의 인간이라는 의미였을 것이다. 나폴레옹은 시인을 찬미하고 있었을 뿐 아니라, 자기 자신도 그 참된 인간의 한 사람으로서의 높은 자부심이 드러나 있다. 괴테의 마음속을 들여다본다면, 나폴레옹이 그때 지배하고 있던 광대한 유럽의 영토보다도 더 광대한 정신적 영토가 있었는지 모른다.

이 상봉의 시간은 넉넉한 시간이었다고도 하고, 겨우 2분 동안이었다고도 하는데, 나폴레옹은 괴테의 작품 〈젊은 베르테르의 슬픔〉에 대해서 이야기하고 〈줄리어스 시저〉의 희곡을 쓰도록 권하기도 했다고 한다.

그런데 역사는 짓궂다. 프랑스는 두 번이나 독일에 정복당하고 있다. 1870년의 보불전쟁과 제2차 세계대전 때이다. 두 번이나 예술의 도시 파리는 독일군의 군홧발에 짓밟혔는데, 프로이센의 수상 비스마르크나 나치의 총통 히틀러가 그때 독일말로 '그야말로 인간이다'라고 감탄의 소리를 낼 만큼 인간미가 있었던가?

독일 국민에게 고함

19세기 초의 나폴레옹 전쟁은 나폴레옹의 세계 지배라는 야심에 대해 유럽 제국의 반발·해방 전쟁이었다. 이 전쟁에 가장 적극적으로 참여한 프로이센은 예나 전투의 패전, 그리고 치욕적인 틸지트 조약 등으로 자극되어 민족적 자각이 높이 고취되었으며, 사회적으로나 사상적으로 변혁기에 들어섰다.

정치적으로는 슈타인 하이젠베르크 등에 의해 토지제도를 고쳐 농민을 해방하고, 행정면의 개혁도 크게 단행되었다. 이러한 변혁은 영국이나 프랑스와는 좀 형태는 달랐지만, 역시 근대화의 길이었다.

한편, 사상계에는 자유주의적 국민주의가 그 기치를 드높였다. 피히테 등이 그 지도자였다. 피히테는 나폴레옹 점령 아래의 베를린 학사원에서 1807년부터 이듬해에 걸쳐 연속 강연을 하여 높은 이상주의 입장에서 애국심을 불러일으켰다. 이 강연의 타이틀이 '독일 국민에게 고한다'이다.

다음에 그 1절을 인용하면,

…지금까지는 보통 감각세계가 참된 실재 세계라고 생각되어서, 그 것이 먼저 교육의 객체로서 학생들에게 제시되었다. 학생들은 먼저

감각세계에서 출발하여 사유(思惟)로 인도되었다. 새로운 교육은 이 순서를 전적으로 뒤집는 것이다. 새로운 교육에 있어서는 사유에 의해서 파악된 세계만이 참된 실재이다. 새로운 교육은 모든 것 속에서 정신만이 살아서 이것을 지도하도록 하려 한다. 견실한 정신은 국가를 받드는 유일한 기반이며, 우리는 바로 그 정신을 모든 사람 속에 태어나도록 하려고 한다. 이리하여 탄생할 정신은 고상한 조국애를 직접 그 자신 속에 갖게 될 것이다. 그리고 그 사랑에서 용감한 조국의 기수이며, 법을 충실히 지키는 마음이 또한 절로 생기는 것이다…….

피히테의 호소는 시의적절했으며, 독일 국민의 해방과 프로이센의 강대화에 커다란 역할을 했다. 그리고 이미 그의 사상 속에 독일적인 국가주의 사상의 싹이 엿보이며, 그것이 나중에 발전하여 카이젤식 제국주의가 한 걸음 더 나아가 히틀러식 국가사회주의로 이상한 성장을 수행하게 된 것도 부정할 수 없을 것이다.

장엄과 웃음거리의 차이

프랑스혁명의 혼돈 속에서 뛰쳐나온 나폴레옹은 우수한 정치적·군사적 능력을 발휘하여 국내의 지도권을 잡는 한편, 열강의 간섭을 물리치고 프랑스의 독립을 공고히 한 뒤, 1804년 스스로 황제의 자리에 올랐다. 혁명으로 루이 왕실을 넘어뜨린 민중도 그의 천재에 현혹되어 새로운 지배자에게 열광적인 갈채를 보냈다.

혁명 당시 병사들 간에 '꼬마 중사'로 알려졌던 그가 지금은 태양과 같은 신성하고도 높은 존재가 되었다. 그의 팽창해 가는 야심은 침략적인 형태를 띠고 국외로 향했으며, 아우스터리츠, 틸지트 등의 큰 싸움에서 승리를 거둔 뒤 결국 유럽 대륙 전부를 그 지배 아래에 넣고 말았다. 그러나 도버 해협 건너 영국만은 그의 '장엄한' 권위에 굴복하지 않았다.

1805년 넬슨이 이끄는 영국 해군은 프랑스 해군에게 괴멸적인 타격을 가했다. 나폴레옹으로서도 무력으로 영국을 침략할 것을 단념하고, 대륙과의 교역을 봉쇄하여 경제적으로 영국을 고립시키려 했다. 이 정책은 뜻하지 않은 부작용을 일으켰다. 즉, 영국에 농산물과 제조품과의 교환무역을 하던 러시아가 심각한 경제 위기에 직면하게 되자 프랑스에 반기를 든 것이다.

1813년 6월 나폴레옹은 60여만 대군을 이끌고 러시아로 쳐들어갔다. 나폴레옹 군은 러시아 군을 쳐부수며 러시아 깊숙이 진군하여, 9월 14일 모스크바에 도착했다. 그러나 모스크바 시민들은 명령에 따라 이미 모두 피난을 가 버리고 도시는 완전히 공허 상태에 있었다. 그리고 밤에는 각 처에서 방화의 불길이 올라 수도의 도심부는 완전히 재가 되고 말았다. 러시아는 초토 전술을 썼던 것이다.

이때 나폴레옹은 모스크바 근교 '참새 언덕'이라는 이름을 가진 한 언덕에서 그 광경을 바라보고 있었다. 그 운명의 언덕은 그 후 '레닌 언덕'으로 개명되었고, 지금은 모스크바대학의 건물이 서 있다.

거리에는 먹을 것이라고는 거의 없었다. 나폴레옹 군은 군량 보급이 끊겨 더 이상 전진을 못 하고, 약 한 달 후인 10월 19일 총퇴각을 개시했다. 그런데 러시아의 겨울은 빨랐다. 날씨는 나날이 추워지는데 러시아 군은 퇴각하는 프랑스 군을 뒤에서 몰아쳤다. 겨울에 대한 장비가 없었던 나폴레옹 군은 전의를 잃고 러시아 군의 공격에 큰 손실을 당했으며, 겨우 러시아 땅을 벗어났을 때는 60만 대군이 겨우 2만이 되어 있었다.

나폴레옹 자신은 12월 18일 파리에 도착했는데, 그의 옆을 따르는 자는 불과 몇십 명에 지나지 않았다고 하니, 떠날 때와 비교해 그 초라한 모습을 가히 짐작할 수가 있다. 그의 심복이며 능수능란한 외교관인 탈래랑은 부하로부터,

"폐하께서 귀환하셨사옵니다."

라는 보고를 받았을 때 픽 웃으며,

"군대 없이 말이지!"

라고 했다고 전한다.

물론 이 패전의 모욕을 가장 뼈저리게 느끼고 있었던 것은 나폴레옹 자신이었을 것이다. 그는 철군하는 도중에서 폴란드 대사 데 푸란드에게 말했다.

"장엄에서 웃음거리는 한 걸음이야."

이 말은 나폴레옹이 스스로 변호하는 뜻과 자조하는 두 가지 뜻으로 해석할 수 있다. 그러나 여기에는 다분히 자기변호의 뉘앙스를 띠고 있다.

톨스토이는 〈전쟁과 평화〉에서 이 점을 날카롭게 비판하고 있다. 자기에게 목숨을 바친 사람들을 버리고 도망쳐 달아난 비열한 짓을 해 놓고도 아직 저 잘난 척만 한다고. 즉, 이 말은,

"자기는 지금 싸움에 져서 웃음거리로 보일지 모르나, 그것은 내가 장엄하다는 증거이다."

라는 의미를 품고 있었다는 것이다.

원칙적으로 본다면 이 비판은 타당한 것이지만, 그러나 나폴레옹이란 복잡한 인간 속에,

"자신을 장엄한 존재로 알았는데, 그것은 생각 외로 웃음거리에 가까웠구나!"

라는 자조가 섞여 있었다고도 할 수 있다.

러시아 원정의 실패로 그의 장대한 몰락이 시작되는데, 그것은 그의 지배 아래 있던 유럽 제국에게 러시아에서의 대패는 이미 커다란 약점과, 한편으로는 민족의 자유와 독립 의식이 높아진 데 원인이 있었다.

이 근대적인 민족의식은 봉건적 억압 체제에서 해방의 기수로

나타났던 초기의 나폴레옹 자신에 의해서 눈뜨게 했던 것도 생각하면 얄궂은 운명이었다.

〈적과 흑〉, 〈파르므의 승원〉의 작가 스탕달은 나폴레옹 군의 장교로서 러시아 원정에 따라갔었다. 경리부에 있었으므로 실전에 참여하지는 않았으나, 모스크바에서 철군하는 도중에 코사크 기병대의 습격을 받으면서도 매일 아침 면도하는 것을 빠뜨리지 않았다고 한다.

스탕달의 그 두 작품은 나폴레옹을 직접 말하지는, '장엄'과 '웃음거리'의 커다란 그림자를 엿볼 수 있다고 할 수 있다.

조세핀, 오늘은 안 돼!

이 말은 프랑스의 황제 나폴레옹이 황후인 조세핀에게 한 말로 되어 있다. 물론 역사상의 근거는 분명치 않으며, 과연 나폴레옹이 이 말을 했는지 그 진위를 가릴 수는 없다.

어느 땐가 그 시기는 분명치 않으나, 나폴레옹이 외국 사신들을 모아 놓고 크게 연회를 벌인 일이 있었다. 그때 한참 으리으리하던 궁전의 넓은 살롱에는 전 세계를 망라한 귀빈들이 별하늘과 같이 빛을 내며 눈부시게 모여 있는데, 막상 황제의 자취는 보이지 않았다. 그래서 시종들이 내실로 조심조심 찾아 들어갔더니, 황제는 안락의자에 푹 파묻혀 앉아서 기분 좋게 잠이 들어 있었다. 그런데 어떤 방법으로 깨워야 할지 몰랐다. 흔들어 깨우자니 무엄한 짓이고, 그래서 시종들은 의논 끝에 황제가 즐겨 먹는 치즈를 이용하기로 했다. 그리하여 커다란 은접시에 냄새가 강한 치즈를 담아서 황제의 코 앞에 들이댔다. 그러자 나폴레옹은 잠결에 치즈를 손으로 물리치면서,

"조세핀, 오늘 밤은 안 돼."

하고 말했다.

일설에는 '오늘 밤은 안 돼'가 아니고, '짐은 피곤하도다'라고 말했다고도 한다.

아무튼 나폴레옹은 그를 군사 지휘관으로 볼 때 보통이 넘는 심리학자이며, 그만한 대군을 좌지우지한 만큼 병사의 마음을 휘어잡고 사기를 고무시키는 기술에서도 제일인자였다.

원정을 가는 군대에 대한 연설을 보더라도 교묘히 사람들의 인정을 찌르고 있다. 이집트 전쟁 때 '이들 피라미드 위에서 4천 년의 세월이 우리를 지켜보고 있다!'라는 말을 던졌으니, 과연 병사들의 사기를 불태우고야 말았을 것이다. 프랑스 사람들은 원래 영웅 숭배 사상이 강하며, 특히 이러한 표현에는 홀딱 반하게 되어 있다. 그가 '불가능이란 나의 사전에는 없다'라고 지나친 말을 입에 올렸다고 전하는 것도 이유 없는 소문은 아닐 것이다.

그러나 러시아 원정 시 60만의 정예 병력 중 40만을 눈과 얼음의 벌판에 내동댕이치고 도망쳐 나온 것이 그의 신세를 망치게 했다. 없어야 할 '불가능'이 그의 운명 앞에 커다란 검은 그림자로 다가든 것이다. 그리고 지중해의 엘바섬에 유배당했는데, 1년이 채 못 가서 권토중래(捲土重來), 다시 힘을 몰아 프랑스 본토에 상륙, 파죽지세로 파리로 향했다. 그러나 워털루 전투에서 연합군의 교묘한 전술에 골탕을 먹고 느닷없이 패배당하여 멀리 대서양의 세인트 헬레나 섬으로 유배되어 가야 했다.

1815년 3월 20일의 파리 입성에서 6월 16일의 워털루까지 진정 '백일천하'를 유지하다 말고 그 운명의 불길은 영원히 암흑 속으로 꺼지고 말았다.

각자가 그 의무를 다하기를

'영국은 각자가 그 의무를 다할 것을 기대한다'라는 말은 1805년 10월 21일, 트라팔가르 해전의 불꽃이 터지기 약 30분 전 영국 함대 사령관 넬슨(1758~1805)이 기함 빅토리호의 돛대에 높이 올린 신호의 문구이다.

스페인의 남쪽 해안 트라팔가르 앞 바다에서 일어난 해전은 나폴레옹 전쟁에 있어서 해상의 결전이 된 것으로, 영국 측 함대는 41척에 프랑스 측은 스페인 함대를 합쳐 38척으로 서로 백중한 세력으로 포화를 주고받았다. 이 트라팔가르 해전의 승리는 영국 쪽으로 돌아가고, 나폴레옹은 해군력을 거의 잃고 그 후 바다에서는 전혀 무력하게 되었다.

그러나 이 전투에서 넬슨도 전사했다. 적탄은 넬슨의 왼쪽 어깨 살을 뚫고 폐를 거쳐 잔등에 박혔다. 그리고 부상한 지 세 시간 후 함장의 팔에 안겨 숨을 거두었다. 마지막에 넬슨은 함장을 향해 자기의 연인을 잘 부탁한다고 말한 뒤, 한쪽 볼에 함장의 키스를 받고,

"고마운 일이야. 나는 의무를 다했다."

고 말하며 눈을 감았다고 한다.

'영국은 각자가 그 의무를 다할 것을 기대한다'라는 신호의 글

귀는 넬슨이 쓴 원안에는 '영국은⋯⋯'이 아니라 '넬슨은⋯⋯'으로 되어 있는 것을 부하 장교의 충고를 들어 고친 것이라고 한다.

그러나 이 트라팔가르 해전은 나폴레옹의 야심을 일시적으로 저지한 것에 지나지 않아, 그 후 얼마 지나지 않아 그해 12월 아우스터리츠에서 나폴레옹은 오스트리아와 러시아의 연합군을 쳐부수고 대륙의 패권을 잡았다.

이 패배의 비보를 전해 들은 당시의 영국의 수상 빗트는 상심 끝에 병이 중해져서 이듬해 정월,

"오오! 조국이여, 이러한 모양으로 조국과 작별하는가!"
하고 비통하게 외치며 죽었다.

나폴레옹에 맞선 영국의 또 한 사람의 투사는 '쇠공작'이란 별명이 붙은 웰링턴 공작(1769~1852)이다.

1812년 러시아 원정을 떠났다가 모스크바의 초토 전술과 사나운 추위를 만나 참담한 꼴로 총퇴각하지 않을 수 없었던 나폴레옹은, 그 후 몰락하기 시작했고, 1814년에는 엘바섬에 유배의 몸이 되었다. 그러나 그는 얼마 후 엘바섬을 탈출, 다시 프랑스 황제가 되어 연합군에 대하여 반격을 개시했다. 이때 워털루에서 나폴레옹 군을 맞이한 것이 웰링턴 공작이며, 1815년 6월 18일 원군으로 달려 온 프로이센과 합력하여 드디어 나폴레옹을 최후의 결전에서 격파하여 나폴레옹 전쟁의 마침표를 찍었다.

"워털루의 승리는 이튼의 운동장에서 마련된 것이다."
라고 말한 웰링턴의 말도 유명하다.

이 이튼이란 그의 모교를 가리킨 것이다. 물론 그 말은 웰링턴이 재학 중 크리켓과 풋볼 등 운동으로 단련된 정신과 육체가 워

털루의 전승을 가져온 근본이었다는 의미이며, 영국이 이 학교의 교육을 찬양한 말이기도 하다. 런던 트라팔가르 광장에는 넬슨의 탑이 솟아있고, 워털루 브리지는 웰링턴 공작의 승리를 기념하고 있다.

영국이란 나라는 자유를 존중하고 사랑하는 나라이다. 그 반면 어느 나라보다 질서가 서 있는 나라이기도 하다. 자유와 질서가 같이 사이좋게 나란히 어깨를 겨누고 있는 나라로서 영국에 비할 나라가 없을 것이다. 자유는 자칫하면 방종으로 흐르기 쉬우나, 영국에서는 자기의 자유를 사랑하는 대신 남의 자유를 존중하도록 어릴 적부터 사회적 교육을 받고 있다. 그러므로 그들의 자유의 이면에는 반드시 의무라는 관념이 따르고 있다. 'England expects every man to do his duty'라고 한 유명한 넬슨의 말은 그 당시 급해서 나온 말이 아니라, 그들의 자유에 관한 생각이 뒷받침된, 뿌리가 있는 말임이 틀림없다.

회의는 춤춘다

1814년부터 15년에 걸쳐 빈에는 각국의 군주와 재상들이 나폴레
옹으로 인하여 뒤흔들렸던 유럽을 새로운 질서로 바로잡을 목적
으로 한자리에 모여들었다. 이렇게 많은 군주와 재상들이 한자리
에 모이기는 유사 이래 처음이었다.

　이때 알렉산드르 1세와 메테르니히가 회의의 주도권을 잡았다.
그러나 각국의 입장과 생각은 제각기 달라 좀처럼 합의가 이루어
지지 않고 회의는 허공에 있었다. 그들은 회의보다는 무도회를 즐
겼고, 그렇지 않으면 소풍을 떠났다.

　회의의 대표자 간에는 동맹국 군주들의 모습을 만평한 그림이
살짝 회람되었다. 이 그림 옆에는 다음과 같이 적혀 있었다.

　"러시아의 황제는 사랑을 도맡고, 프로이센의 왕은 생각하는 일
을 도맡고, 덴마크의 왕은 변명을 도맡고, 바이에른의 왕은 마시
는 것을 도맡고, 뷔르템베르크의 왕은 먹는 것을 도맡고, 오스트
리아 황제는 경리를 도맡는다."

　이것을 보더라도 이 회의의 모습이 어떠했는지 짐작할 수 있다.

데카브리스트

나폴레옹 전쟁 후, 유럽의 사태를 수습하기 위해서 열린 빈 회의는 프랑스혁명을 백지로 돌리고, 모든 걸 혁명 이전의 상태, 즉 구체제로 원상복구 시키자는 반동적인 것이었다.

그러나 프랑스혁명이 던진 파문은 의외로 컸으며, 자유와 해방의 소중한 미각을 깨달은 각국의 국민은 그것에 만족할 까닭이 없으며, 자연히 곳곳에서 반항의 횃불이 타올랐다. 독일의 학생운동, 이탈리아의 카르보나리의 봉기, 러시아의 데카브리스트(12월당)의 난 등 모두 그러한 것이었다.

원래 러시아는 유럽의 다른 나라에 비해 근대화의 걸음이 뒤져 있었는데, 나폴레옹 전쟁에서 많은 장병이 유럽의 각지를 전전하며 싸우는 동안 유럽에 관한 관심이 높아졌다. 특히 귀족 출신에 교육받은 장교급 청년들은 자유주의 사상에 크게 마음이 흔들렸고, 조국의 뒤떨어진 현상을 한탄하면서 비밀 결사를 조직하고, 과격한 수단으로 정치와 사회적 개혁을 단행하려고 했다.

이 비밀 결사는 남, 북 둘이 있었는데, 북부는 뮤라뷔에프, 남부는 베스테리가 그 리더였다. 남부 결사는 군주제를 뒤엎고 공화제를 실현하려는 급진적인 것이었고, 북부 결사는 좀 온건하게 군주제는 그대로 두고 입헌의회 제도를 실현하려고 했다. 이 두 결사는 서로 연락을 취하며 기회가 오기를 기다렸다. 러시아의 민족시인 푸시킨은 특히 북부 결사 사람들과 친교가 있었다.

1825년 11월 황제 알렉산드르 1세가 죽고, 니콜라이 1세가 뒤를 이었다. 이들은 그것을 좋은 기회라고 판단하고 12월 14일 페테르부르크에서 반란을 일으켰다. 그러나 이 반란은 군대와 일반 민중들의 호응이 없었으므로 대번에 탄압에 굴복하고 말았다.

니콜라이 1세는 반란의 지도자들을 용서 없이 처단했다. 어떤 자는 사형에 처하고 어떤 자는 시베리아에 유배되었다. 이들이 거사한 달(月) 12월(러시아 말로 데카브리)을 따서 이들을 '데카브리스트(12월 당)'라고 부르고 있다.

북부 결사의 지도자 뮈라뷔에프는 반란이 성공하는 날 제정 공포할 헌법의 초안 이외에도 '어느 진기한 회화'라는 문답체의 팸플릿을 남겨 놓았다. 이 팸플릿은 대중 계몽에 쓰기 위한 것이었는데, 미완성이었다. 데카브리스트의 한 시인은 이것을 아깝게 여기며,

"이러한 문서는 여론을 환기하는 데 매우 효과적인 것이다."
라고 말했다.

한편, 니콜라이 1세는 반란 진압 후 그 팸플릿을 보고는 여백에다 프랑스말로 '이 얼마나 뻔뻔스러운 짓이더냐!'라고 감상을 써 넣었다.

문답의 일부를 소개하면,

문 : 자유의 기원이란 무엇인가?
답 : 모든 축복은 하느님께서 주신다. 하느님은 자신의 모양을 본떠

인간을 만들고, 영원한 선물로서 자유를 주셨다.

문 : 모든 인간은 자유인가?

답 : 천만에, 소수의 사람이 많은 사람을 노예로 삼고 있다.

문 : 자유를 획득하는 일은 필요한가?

답 : 필요하다.

문 : 어떻게 하면 좋은가?

답 : 고대 러시아에 있었던 것과 같은 규칙이나 법률을 제정할 것이
필요하다.

문 : 고대 러시아는 어떠했는가?

답 : 전제군주는 없었다.

문 : 전제군주는 무엇인가?

답 : 전제군주, 혹은 독재 군주란 토지를 독차지하고 이성의 힘, 하
느님과 인간의 법도를 인정하지 않는 것이다. 전제군주는 한마
디 변명도 없이 제멋대로 통치한다.

문 : 하느님이 전제군주를 만든 것이 아닌가?

답 : 하느님은 결코 어떠한 악(惡)도 만들어 내시지는 않았다.

러시아의 문호 톨스토이의 명작 〈전쟁과 평화〉는 이 데카브리
스트에 관한 관심에서 생겨난 것이었다. 그는 처음에 데카브리
스트의 반란을 무대로 할 예정이었는데, 차츰 시대를 거슬러 올
라가 나폴레옹 전쟁에서 시작하여, 이 전쟁을 통해 계몽된 한 지
식인이 나중에 데카브리스트 운동에 나서게 되는 필연성을 그리
려고 했다.

사람은 첫사랑으로 돌아간다

1814년 '오페라 코믹좌'에서 상연된 애티앤누(1777~1845)가 쓴 희극 '죠콘드'는 다른 이름으로 '여자를 노리는 사나이들'이라고도 하는데, 제3막 제1장에 주인공 죠콘드가 노래하는 로맨스의 제2절에 다음과 같은 시가 있다.

> 아아, 세월은 흘러도 애절한 마음 가시지 않네.
> 우리의 가장 즐거웠던 날은 추억 속에 있어라.
> 사랑했던 여자는 언제까지나, 언제까지나 맘속에 매달리네.
> 이같이 사람은 항상 그의 첫사랑으로 되돌아가네.

죠콘드는 그의 첫사랑 애틸이 자기를 배반했다고 믿고 방종한 생활 속에 몸을 던지는데, 첫사랑의 여인을 잊기 어려워 드디어 극의 마지막에서 둘은 다시 맺어진다.

한편, 여자 측에서도 '여자는 결코 그의 최초 사나이를 잊지 못한다'라는 속담을 말한다. 처음으로 처녀를 바친 사나이의 이미지는 항상 여자의 기억에 붙어 있는 모양이다.

겨울이 오면 봄이 멀지 않다

'겨울이 오면 봄이 멀지 않다'라는 말은 영국의 낭만주의를 장식하던 세 사람의 시인 바이런, 키츠와 함께 유명한 셸리의 '서풍에 붙이는 노래'라는 시의 끝맺음 구절이다. 어둡고 추운 겨울 뒤에는 밝고 따뜻한 봄이 오는 것은 하늘의 이치이다. 우리 속담 '고진감래'와 같은 뜻이다.

셸리는 옥스퍼드대학 시절에 '무신론의 필요성'이라는 팸플릿을 발간하여 캠퍼스에서 쫓겨났다. 그 해 16세의 소녀 핼리어트와 알게 되어 결혼했다. 그러나 3년간의 방랑 생활 후 그녀와는 별거하게 되었다.

이 무렵, 그는 고드윈의 사회주의에 물이 들어 그 딸 메어리와 가까워졌다. 1816년에 아내 핼리어트는 하이드 파크 연못에 몸을 던져 자살했고, 셸리는 메어리와 결혼했다. 같은 해 열혈의 시인 바이런과 알게 되어 친구가 되었다.

1820년 11월에 폐를 앓고 있던 '미의 사도' 키츠가 로마로 전지요양 왔을 때, 셸리도 바이런도 이탈리아에 같이 살았고, 이듬해 키츠가 죽을 때까지 영국 낭만주의의 트리오 세 사람은 다 같이 이탈리아에 모여 있었다.

키츠가 죽은 그 이듬해, 죽음의 신은 뜻하지 않게 셸리에게도 찾아왔다. 친구를 만나고 돌아오던 중 셸리는 뱃길에서 스페치아 만 근처에서 폭풍을 만나 요트가 전복하여 죽었다. 유해는 바이런이 입회하여 해변에서 태우고 키츠와 함께 로마의 신교도 묘지에 묻혔다. 묘비에는 '마음의 마음'이란 구절이 라틴어로 새겨졌다. 한편, 그전에 죽은 키츠의 묘비에는 고인의 희망대로 '그 이름을 물에 썼던 자 이곳에 잠들다'라고 새겨져 있다. 다 유명한 묘비명이다.

한편 바이런은 셸리가 죽은 이듬해 그리스 독립 전쟁에 의용군을 끌고 참가했다가, 1824년 4월 셸리가 죽은 지 2년 뒤 말라리아에 걸려 눈을 감았다. 이 세 사람은 서로 때를 같이 하여 활약하다가 이 세상을 하직할 때도 서로 손을 잡듯이 황급히 떠났다.

'서풍'을 노래한 셸리의 시는 하늘 높이 저편에 자유해방의 새 천지를 꿈꾸는 그의 갈망이 들어 있었다. '겨울이 오면 봄이 멀지 않다'라는 셸리는 자유해방의 신천지가 지상의 낙원을 이룰 것을 믿고 있었고, 그는 늘 혁명적 정열을 불태우고 있었다.

그러나 그의 열정은 다분히 추상적이기도 했다. '별을 구하는 나방의 소망'이라고 한 그 자기 말이 이를 가장 단적으로 나타내고 있다.

눈을 떠 보니 유명해졌다

'하루아침에 눈을 떠 보니 유명해졌다'라는 바이런(1766-1824)의 말로 널리 알려져 있다. 얼굴이 잘생기고 절름발이인 이 청년 귀족은 태어날 때부터 정열을 그 몸속에 가득 안고 있었으며, 일찍부터 자유분방한 생활에 몸을 맡겼다.

조상에게서 물려받은 승원(僧院) 건물에 젊은 친구들을 모아 놓고 밤낮으로 먹고 마시는 나날이 계속되었다. 스무 살 때 엉키고 답답한 심정을 안고 스페인, 그리스, 중근동(中近東)으로 나그넷길을 헤맸다. 서구의 난숙한 문명에는 이미 곰은 냄새가 나더니 동방에 이르자 이국적인 꿈의 샘이 거기에 있었다. 그리하여 동방의 문물은 바이런의 마음을 뒤흔들었다.

그 인상을 기틀로 하여 쓴 것이 장편 시 '차일드·해럴드의 편력'이다. 이것은 바이런 자신을 느끼게 하는 주인공 차일드가 멀리 여행을 떠나 수천 년 역사의 폐허를 소유하면서 먼 옛 생각에 잠긴다는 줄거리인데, 이 시가 한 번 세상에 나오자, 그 확 트인 자유스러운 시상(詩想)은 대번에 독서계에 커다란 센세이션을 불러일으켰다. '하루아침에 눈을 떠 보니 유명해졌더라'라는 말은 바이런이 그 무렵의 감상을 말한 것으로, 친구 토머스 모어가 전한 바 있다.

문예의 형식이 다양화한 현대에서 본다면 한 편의 시가 이처럼 크게 사회적인 반향을 일으킨다는 것은 생각할 수 없는 일이지만, 때는 근대 문학의 여명기이며 낭만주의가 막 꽃을 피울 무렵이다. 바이런의 출현은 마치 어둠을 뚫고 솟아오르는 동녘의 햇살과 같은 빛깔을 덮었다고 할 수 있다.

화려한 사교계는 쌍수를 들고 홀연 혜성과 같이 빛나는 이 천재 시인을 맞이했다. 어느 살롱에서나 바이런의 이름은 마치 주문과 같이 사람의 입에 올랐다.

특히 여성들 간의 인기는 굉장했다. 재색을 아울러 갖춘 사교계의 꽃이던 캐롤라인 램은 바이런의 소문이 너무도 유난스러운 데 반발을 느끼며, 처음 소개를 받았을 때는 '위험한 좋지 못한 사람이다'라고 일기에 썼었다. 그러나 두 번째 만난 뒤에는 '그 아름답고 창백한 얼굴은 나의 운명이다'라고 고백하고, 그 후 광적일 정도로 사랑을 바치기에 이르렀다.

그러나 바이런은 사교계의 유행어로 끝낼 운명에 있지 않았다. 그는 상원의원으로서 처음으로 의정 단상에 등단했을 때, 당시 가장 비참한 상태로 사회에서 버림을 받는 노동자들을 변호하는 과격한 연설을 하여 국회를 놀라게 했다. 이는 인도주의적 입장에서 기성의 일그러진 질서에 반격을 가한 것으로, 인간의 자유를 구하는 불길이 그의 내부에서 격렬히 불타고 있었던 것을 보여 주는 것이다.

바이런은 계속해서 종횡으로 솜씨를 발휘하여 낭만적인 시를 써냈으며, 한편으로는 그를 둘러싼 여성들과의 교제도 계속했었다. 그의 질서 없는 생활은 사교계의 위선적이고, 형식적인 질서

와는 어긋나는지라 빗발 같은 비난의 소리가 그를 더 고국에 있지
못하게 했다.

영국이여,
허다한 결점은 있으나,
나는 역시 너를 사랑한다.

이렇게 노래한 것은 이때였다.

유럽으로 건너가서 '맨프레드(Manfred)' '돈 후안' 등 대작을
낳는 한편, 마음이 향하는 대로의 분방한 생활은 여전히 세상의
이목을 끌었다.

서른다섯 살 때, 그리스가 터키의 압정에서 벗어나 독립전쟁을
일으키려는 것을 보자, 개인재산을 털어 의용군을 모집하여 현지
로 향했는데, 말라리아에 걸려 갑자기 죽고 말았다.

바이런은 그 작품이 낭만적이었을 뿐만 아니라 생활 자체가 파
란에 가득 찬 하나의 낭만이었다.

립 밴 윙클

'립 밴 윙클'은 미국 초기 작가 워싱턴 어빙의 단편집 〈스케치북〉 속에 나오는 동화의 주인공이다.

립 밴 윙클은 허드슨강 변에 사는 네덜란드계의 이민인데, 호인으로 좀 느림보이기도 하다. 그는 아내의 종알대는 소리를 들으면서도 애견 울프를 데리고 새 사냥을 떠났다. 그런데 산골에서 길을 잘못 들어 헤매던 중 옛날 네덜란드의 복장을 한 이상한 난쟁이들이 유희하며 즐기는 것을 보았다. 옆에 두었던 술을 한 모금 마시자, 그는 금세 깊은 잠이 들어 버렸다.

눈을 뜨고 산을 내려 동네에 돌아와 보니 잠시 한숨 잔 줄 알았던 것이 어느덧 20년이란 세월이 지나가고, 아내는 이미 죽고 딸하나 있던 것은 결혼했으며, 식민지이던 아메리카는 독립 국가로 변해 있었다.

독일의 전설에서 뼈대를 얻었다고 하는데, 동양에도 이와 비슷한 설화가 있다. 이런 종류의 설화 전설을 찾아보면 세계 각국 곳곳에 있을 것이며, 세월이 가고 변함이 눈 깜짝할 사이에 다시 돌이킬 수 없는 데 대한 인간의 영탄에서 생긴 이야기라 할 것이다.

벌거벗은 임금님

멋쟁이 임금님이 사기꾼의 아첨에 속아 어리석은 자의 눈에는 안 보이는 의복을 입었다고 생각하며 벌거벗고 길에 나섰다. 어른들은 임금님이 아무것도 몸에 걸치지 않은 것을 알지만, 어리석다는 말을 듣지 않기 위해 보이지도 않는 옷에 대해서 칭찬했다.

한 어린아이가 그것을 보고,

"앗, 임금님이 벌거벗었다!"

라고 소리친 데서 진실이 밝혀진다는 안데르센(1805~1875)의 유명한 동화인데, 여기에는 아이들을 위한 흥미로운 이야기 이상의 의미를 품고 있다.

어른의 허영과 위선, 편견이 없는 어린이의 눈에는 그 가면이 벗겨진다는 것이 이야기의 테마인 것은 다시 말할 것도 없다. 그러나 현실 속에서 어린아이같이 솔직하게 현실을 보고 또 행동한다는 것이 얼마나 어려운 일인가? 우리가 살고 있는 현실은 너무도 두터운 전통과 관습의 껍질로 둘러싸여 있으며, 그리고 그 허(虛)와 실(實)이 혼합된 옷에 의하여 문명사회와 형태가 유지되는 이상, 그것을 모조리 벗겨 버린다는 것은 사회의 파산을 가져오게 될 것이다.

예수의 '너의 눈에 들어 있는 들보를 먼저 고치라'라는 말도 같은 뜻으로 해석할 수 있는데, 그 산상의 교훈은 속인들이 감히 실행하기 어려운 엄한 것이 있었다. 예수의 위대함과 그 비극은 이 점에 있었을 것이다.

톨스토이가 만년에 원시 기독교의 소박함과 순결을 동경하여 그 품에 돌아가 보려고 노력한 것은 유명한 이야기이지만, 그러던 그가 자기의 생애를 바쳤던 위대한 예술조차도 부정하고 표연히 집을 버리고 헤매다가 눈 속에 쓰러졌다는 것은 짐짓 피할 수 없는 결말이었는지 모른다.

백성의 소리는 하늘의 소리다

1821년 6월 24일의 프랑스 귀족원 의회에서는 당시 정치가로서 유명했던 탈레랑(1754~1838)은 신문 잡지 등 출판물의 검열 제도를 존속시키는 데 반대하는 연설을 했다. 그는 이미 20여 년 전의 진정서에서 요구된 언론의 자유가 시대의 요망인 것을 입증하면서, 정치가 이러한 필요한 요망에 응하지 않고 거역한다는 것은 매우 위험한 일임을 역설했다.

그의 연설문 일부를 인용하면,

"정부는 성실성을 위태롭게 해서는 안 된다. 현실은 속임수로 오래 덮어둘 수 없는 것이다. 볼테르보다도 보나파르트보다도 집정관의 그 누구보다도 재기가 있는 어느 누가 있다는 것을 알아야 한다. 그것은 세상이다. 세상을 괴롭히는 일을 고집하거나 이와 싸우는 일은 큰 잘못이다."

여기 '볼테르보다 재기 있는 어느 누가 있다'라고 표현한 말은 '백성의 소리는 하늘의 소리'라는 이언(俚諺)과 상통하는 말이다. 즉, 우리 속담의 '민심이 천심'이란 말과도 같으며, 세상의 소리는 하늘의 소리로 들어야 하며, 정치는 이에 반대 태도를 보일 수 없다는 탈레랑의 연설은 프랑스 정당사의 한 페이지를 기록했으나, 그의 주장은 통과되지 못하고 검열 제도를 3개월간 더 존속시키는 법안이 통과되고 말았다.

　프랑스 같은 나라도 언론 자유를 얻기까지는 허다한 우여곡절이 있었음을 알 수 있겠다.

최대 다수의 최대 행복

'최대 다수의 최대 행복'은 제러미 벤담(Benthan, Jeremy 1748~1832)이 도덕 및 입법의 기초로서 말한 것으로, 그의 공리주의를 요약하는 말로 유명하다. 벤담은 공리주의적 철학에 선 법학자이자 윤리학자이며 경제학자였다. 그리고 그는 쾌락을 유일의 선(善)이라고 하고 고통을 유일의 악(惡)이라 했으며, 선과 악 둘 중 어느 쪽을 낳게 하는 계획과 행동에 따라서 옳고 그른 윤리적인 기준을 삼으려고 했다. 이리하여 그에게 있어서는 도덕과 법의 최고 목적은 '최대 다수의 최대 행복'을 얻는 데 있다고 했다.

벤담은 그의 사상을 프리스틀리(J. Priestley 1733~1804)에게서 많은 영향을 받았음을 스스로 인정하고 있다. 프리스틀리는 그리스도 무류설(無謬設)을 반대한 신학자이며, 산소를 발견한 과학자로도 알려져 있는데, 그가 쓴 〈정부론〉이 특히 벤담에게 영향을 미쳤다.

'최대 다수의 최대 행복'이라는 말이 나오는 것은 벤담의 저서 〈도덕입법원리서설〉이다.

스페이드의 여왕

1837년 2월 8일, 페테르부르크의 교외에 총성이 울렸다. 네덜란드 대사의 양자이며, 프랑스 귀족의 피를 받은 단테스라는 장교가 러시아의 국민시인 푸시킨에게 총상을 입힌 것이다. 단테스는 그 배후의 조종으로 푸시킨에게 모욕을 주어 결투를 하게 만들었다. 이 결투가 있으리라는 것은 만인이 알고 있음에도 불구하고, 황제 니콜라이 1세의 헌병은 그 결투를 금지하려 하지 않았다. 이틀 후 푸시킨은 이미 이 세상 사람이 아니었다.

푸시킨은 1799년에 태어났다. 귀족 출신이며, 모계는 흑인의 피가 섞여 있었다. 그는 나폴레옹 전후 곧 문학 활동을 시작했다. 때는 벌써 러시아에 서구적 자유주의 바람이 일기 시작한 때였으며, 푸시킨의 시는 그 시대 정신을 상징할 수 있는 자유에 분방한 것이었다.

파란 많은 그의 생활로 보나 초기의 작품으로 보나 그에게는 바이런적인 면이 있었으나, 후에 바이런을 졸업하고 더욱더 사실적으로 깊은 인생을 알게 되었다. 수많은 우수한 서정시 이외에 서사시 '예브게니 오네긴'을 썼고, 소설로는 〈대위의 딸〉 그리고 〈스페이드의 여왕〉 등이다. 이것들은 모두 문학사상 기념비적인 작품들이며, 그를 러시아 근대 문학의 아버지로 삼게 되었다.

그러나 푸시킨은 단지 문학자로 그치지는 않았다. 그 점에 그의 위대함이 있었고, 동시에 그의 비극이 있었다. 그의 자유를 갈구하는 정신은 예술세계에서 숨구멍을 뚫고 나가는 것으로는 성에 차지 않았으며, 전제군주 정치의 굴레에 얽매여 있는 러시아의 운명을 정치적으로 뜯어고쳐 보겠다는 충동을 받았다.

1825년 12월 니콜라이 1세 정부에 대한 반란을 도모한 데카브리스트들은 모두 푸시킨의 친구들이었다. 푸시킨 자신은 자주적인 시를 썼다고 추방되어 있었으므로 반란에는 참여하지 못했었는데, 추방에서 돌아오자, 시베리아에 유형 간 데카브리스트의 친구들에게 '시베리아에 보낸다'라는 격려의 시를 썼다.

시베리아 광산의 깊은 골짜기에
자랑스러운 인내를 잊지 말 것이며,
그대들의 뼈저린 고생은 헛되지 않으리라.
그 숭고한 의지인들 말할 것 없이.

이보다 앞서 추방에서 풀려 돌아온 푸시킨은 황제 앞에 불려 나갔다. 황제는 그에게 물었다.

"만약 그대가 12월 14일에 페테르부르크에 있었다면 반란에 참여하였겠느냐?"

푸시킨은 곧 대답했다.

"그것은 틀림없었사옵니다, 폐하! 제 친구들은 모두 모의에 가담하고 있었사옵니다. 저도 또한 끼지 않을 수 없었을 것입니다."

푸시킨의 거리낌 없는 정직한 이 정열적인 말은 그의 비극적인 운명을 못 받고야 말았다. 그가 쓴 〈스페이드의 여왕〉의 내용은, 혈기 왕성한 주인공이 석 장의 카드의 비밀을 추구하여 결국 노백작 부인을 죽게 한다는 것인데, 그 자신도 이 소설의 주인공처럼 죽음의 상징인 '스페이드의 여왕'을 따라 간 것이 아니겠는가? 그는 이 카드가 상징하는 죽음의 어두운 운명을 알면서도 일부러 피하지 않았다.

현대의 영웅

푸시킨이 결투로 죽은 지 얼마 후, 페테르부르크와 모스크바에서는 '시인의 죽음'이란 제목의 시가 사람들 사이에 퍼졌다. 그것은 시인의 죽음을 애도하고 있었다.

> 너희들의 검은 피를 모두 짜낸다고 하기로,
> 시인의 차디찬 피를 씻어 내지 못할 것이다!

이 시의 작자는 레르몬토프였다. 러시아 문학의 빛나는 깃발이 푸시킨의 손에서 떨어지던 순간 레르몬토프가 집어 들었다.

한편, 러시아 정부는 새로운 위험 신호를 느꼈다. 헌병 사령관은 그 시의 복사본을 니콜라이 1세에게 보였다. 복사에는 '혁명에의 호소로다' 이렇게 주석이 붙어 있었다.

당시 군적에 있던 레르몬토프는 얼마 후에 위험한 코카서스 전선으로 파견되었다. 일종의 추방이었다. 1년 후 페테르부르크에 돌아온 레르몬토프는 이미 명성 있는 시인이었다.

1840년 봄, 니콜라이 황제는 다시 그를 코카서스로 보냈다. 출발하는 날 친한 친구들이 그를 둘러싸고 있었는데, 그는 문득 창가에서 구름이 흐르는 하늘을 쳐다보았다. 그리고 연필과 종이를 집더니 썩썩 한 편의 시를 써내어 친구들에게 읽어 주었다.

하늘 구름아, 영원한 나그네야!
유리 빛 초원인 양, 진줏빛 쇠사슬인 양,
너는 쫓겨 가는 나와도 어쩌면 그리 같게
상냥한 북에서 남을 향하여

누가 너를 쫓던가, 운명의 시킴인가?
숨은 질투심인가? 염치없는 악의인가?
그것도 아니라면, 너에게 죄의 무거움이 있었던가?
그것도 아니라면, 친구의 표독한 중상이던가?

그럴 리 없지. 너는 열매 없는 밭에 싫증이 났으며
너는 격한 마음도 없고, 고뇌도 없다.
영원히 냉정하며, 영원히 자유로워라.
너에게는 조국도 없고 유배(流配)도 없다.

코카서스에서는 산골 토착 주민들과 사나운 싸움이 기다리고
있었다. 그는 놀라우리만큼 용맹스러웠는데, 그것은 짐짓 허무적
인 자세에서 우러나온 것이 틀림없었다. 이 시기에 쓰인 소설 〈현
대의 영웅〉의 주인공에겐 의심할 여지 없이 저자의 모습이 깃들
어 있다.

페테르부르크에 돌아온 그는 또 얼마 안 가서 세 번째로 코카서
스로 파견 명령이 내렸다. 그는 코카서스로 가는 도중 옛 친구를

만났는데, 뜻하지 않게 이 친구와 결투하게 된다. 여기에는 분명히 권력을 가진 적의 함정이 둘러싸고 있었다.

때는 6월 15일 저녁, 결투자와 입회인의 일행은 산기슭으로 갔다. 천둥이 치고 굵은 빗방울이 떨어졌다. 입회인은 시작을 서둘렀다. 레르몬토프는 총구를 위로 향하고 서서 그다지 서두르지 않았는데, 상대인 친구는 권총을 들자 갑작스럽게 쏘아댔다. 번갯불이 번쩍거리는 속에 시인의 권총은 그 손에서 튕겨 달아나고, 그 자신은 뒤로 나자빠졌다.

러시아 문학의 여명을 가져온 두 시인의 운명은 기묘하게도 비슷했다.

여자를 찾아라

'여자를 찾아라.' 이 한마디는 '여자는 어디 있는가?'로도 쓰이는데, 18세기 파리의 경시 총감 알루치누의 말이라고 한다. '범죄 있는 곳에 반드시 여자가 있다. 여자를 찾으면 범인은 반드시 그 배후에 있다'라는 의미이다.

1864년, 파리에서 상연된 뒤마(1824~1864)의 '파리의 모히칸족'으로 하여 그 한마디는 결정적인 격언이 되었다.

형사가 하숙 여주인에게 유괴 사건에 관한 조사를 하는 장면이 제3막에 나오는데, 그 장면을 잠시 소개하면,

형사 : 내가 늘 말하는 대로야. '여자를 찾아라.' 이번에도 여자가 발견됐어!

하숙 주인 : 어머, 여자가 발견됐나요? 이번 사건에 여자가 관계하고 있다고 생각하고 계시나요?

형사 : 어떠한 사건에도 여자가 관계하고 있지요. 그러므로 나는 사건이 생기면 '여자를 찾아내라'라고 말하지요. 그래서 여자를 찾고 여자를 찾아내면…….

하숙 주인 : 여자를 찾아내면?

형사 : 남자는 금방 잡히지요.

물론 범죄 뒤에 여자가 있다는 생각, 여자를 찾는 것이 선결문제라는 생각은 이때가 처음은 아니다. 로마의 경구가(警句家) 유브에나리스도 그의 풍자시에서 '여자가 중요한 역할로 끼지 않은 소송 사건은 하나도 없다'라고 갈파하고 있다. 또 영국의 작가 리처드슨(1689~1761)이 쓴 〈찰스 그랜디슨 경의 역사〉란 책에도 이런 말이 쓰여 있다.

"…이와 같은 음모의 뒤에는 반드시 여자가 있지 않으면 안 된다……."

여자란 생각하면 보통 아닌 마력을 가진 존재이다. 특히 죄악을 저지르는 하층 사회에 있어서는 남자는 다만 완력을 부렸을 뿐이고, 머리를 움직이고 지휘자의 처지에 있는 것은 여자일 때가 많은 데서 이런 말이 나온 듯하다.

동양의 여필종부(女必從夫)라 하여, 여자는 반드시 남편을 따른다고 하는 관념과는 오히려 정반대의 현상을 나타내고 있는 것인데, 중산층에 있어서도 여성의 두뇌가 남자를 잡아끄는 경향이 많은 것 같다.

프랑스 남자들은 여자의 교활한 지능에 '여자의 머릿속은 원숭이의 크림과 여우의 치즈로 되어 있다'라고 말한다.

화산 꼭대기에서의 춤

'화산 꼭대기에서의 춤'이라는 말은 무장 폭동의 기미가 민중의 사이에 충만해 있고, 전쟁의 위협이 눈앞에 닥쳐 있는데도 불구하고, 나라의 지도자들이 그것을 알지 못하고 주지육림(酒池肉林) 속에서 미녀를 안고 춤을 즐길 때 쓰인다. 불을 뿜는 화산 위에서 춤을 춘다니, 언제 어느 때 폭발하여 산지사방으로 찢겨 날려 갈지 모를 운명이라는 의미이다.

이 말은 1830년 5월 1일, 프랑스의 왕 루이 필립이 의형이 되는 나폴리 왕을 접대하여 성대하게 베푼 연희석상에서 당시의 유명한 작가 살반디가 루이 필립 왕에게 한 말이다.

"나폴리적인 성대한 연희입니다마는, 전하, 우리는 분화산 꼭대기에서 춤을 추고 있는 것입니다."

1830년 5월이라고 하면 유명한 프랑스의 '7월 혁명'을 눈앞에 바라보던 시기였다. 1815년 나폴레옹의 퇴위 선언 후 열린 빈 회의 후, 유럽 제국은 모두 전제주의를 채택하고 대혁명이 씨를 뿌린 자유주의를 타도하려고 애썼다. 이리하여 각국에 사상적으로 전제주의와 자유주의가 대립해 다투고 있었다.

프랑스에서도 1824년에 샤를 10세 즉위 후 시대에 역행하여 귀족 중심의 전제정치를 부활했기 때문에 집권층은 민심을 잃고 있었다. 그리하여 1830년, 결국 국회와 충돌하여 국회를 해산하고 총선거를 실행했다. 그 결과는 자유당 측이 절대다수를 차지했는데, 집권자들은 왕의 명령으로 그 선거를 무효로 돌리고 마음대로 선거법을 뜯어고치고, 언론과 출판의 자유를 극도로 제약하는 강압 정책을 취했다. 이렇듯 정세는 언제 위기가 터질지 모르는 상황이었다.

결국 그해 7월, 파리에 폭동이 일어나 사흘간 정부군과 시민 사이에 격렬한 시가전이 벌어졌고, 정부군이 패배하자 국왕은 영국으로 도망쳤던 것이었다.

왕은 군림하지만
통치하지 않는다

프랑스 19세기의 역사가이며 동시에 혁신적인 정치가이던 아돌프 체루(1797~1877)의 말이다.

1830년에 자기 손으로 창간했던 기관지 '내셔널'의 2월 4일 호에 그는 국왕은 왕국의 최고 관리가 아니며, 대신을 임명하는 권리는 국회가 갖고 대신은 국왕 마음대로 뽑을 수 없도록 다음과 같이 말했다.

"국왕은 지배하지 않으며, 통치하지 않으며, 군림할 뿐이다. 대신은 지배하고 통치한다. 대신은 자기에게 반대하는 한 사람의 부하도 갖지 않는다. 그러나 국왕은 자기와 의사가 다른 대신을 가질 수 있다. 국왕은 지배하지 않으며, 통치하지 않으며, 군림할 뿐이다."

체루는 국왕의 전통적인 전제 주권을 거세하려고 한 것인데, 그의 이러한 주장은 당연히 왕당파나 보수파 정치가들의 맹렬한 반박과 반대를 받았다.

"국왕을 하나의 기계로 만들자는 것인데, 국왕도 인격 있는 존재임을 잊고 있다."
라는 반박 의견도 있었다.

당시의 검찰 총장도 이 말은 '국왕을 무력화하려는 음모'라고 갈파했다.

전제군주 정치는 결국 자유주의의 물결에 쓸려 체루의 말대로 왕권은 거세되고 말았는데, 이것은 체루가 처음 한 말은 아니다. 1605년 폴란드 왕 지그문트 3세가 국회에서 왕권을 상징화하자고 말했고, 체루는 그 말을 인용했던 것이다.

제3강
재능이 끝나면 형식이 시작된다

"후란스핼스를 보면 그림이 그리고 싶어지는데, 렘브란트를 보면 그만 두고 싶어지거든."

독일의 화가 라이베르만(1847~1935)은 렘브란트를 곧잘 '하느님'이라고 불렀다. 그런 그가 전람회장에서 사람들에게 둘러싸여 있을 때 젊은 화가 한 사람이 물었다.

"선생께선 이 그림을 단단한 연필로 그렸습니까, 아니면 연한 연필로 그렸습니까?"

그러자 그는 이렇게 대답했다.

"여보게, 그건 오로지 재능으로 그린 것이야."

또 다른 전람회에서 몇 폭의 그림을 두고 토론이 벌어졌는데 그 속에 '형식'이란 말이 나오자, 그가 입을 열었다.

"재능이 끝나면 형식이 시작되는 법이지."

한때는 재능에 따라 작품을 창작해 낼 수 있지만, 재능의 샘이 고갈하기 시작할 때는, 즉 새로운 생각이 떠오르지 않게 되면 작가는 내용보다 형식미에 치중하게 된다는 뜻인데, 이같이 라이베르만은 즉석에서 곧잘 함축성 있는 말을 할 줄 아는 사람이었다.

불안은 살아있다는 증거

실존주의 철학의 선구자로 알려진 철학자 키르케고르는 그의 저서 〈죽음에 이르는 병〉에서 '병은 사람이 동물보다 우수하다는 점이다'라고 말했다. 동물에도 병은 있지만, 사람만큼 각종의 병이 없고 잦지도 않다. 병은 고등 동물의 여건으로 보고 있다. '불안은 살아있다는 증거'라는 말과 함께 '불안은 삶과의 관계이다'라는 말 또한 널리 알려져 있다. 키르케고르는 헤겔 철학에서 출발하여 인간 존재의 근원을 '불안'이라고 했다. 살아 있다는 증거가 불안이며, 사는 한 불안과 인연을 끊을 수 없는 것이라면 생의 고뇌는 숙명적인 것이 된다. 그도 불안으로부터 탈출 또는 구원을 신앙에서 찾았으나, 그가 말하는 신앙은 좀 역설적인 것이다.

엉클 톰의 오막살이

미국에 있어서 노예제도의 시비를 둘러싸고 남북 간에 대립이 격화하고 있던 1852년 여름, 스토우 부인이란 한 무명 여성이 쓴 소설 〈엉클 톰의 오막살이〉가 보스턴에서 출판되었는데, 그해 겨울까지 불과 몇 개월 사이에 15만 부가 팔렸다. 이것은 그 당시의 형편으로 보아 지극히 놀라운 현상이었다.

저자는 뉴잉글랜드 목사의 집안에서 태어나 교육자에게 시집을 간 그녀는 노예제도의 비인도성에 비판적이었다. 스토우 부인은 노예를 인정하지 않는 자유의 주(州)인 오하이오에 살고 있었는데, 이웃의 켄터키주는 노예주였다. 스토우 부인은 켄터키주에서 목숨을 걸고 도망쳐 오는 흑인 노예의 비참한 모습을 여러 번 목격하는 동안에 마음속으로 사회적 부정을 널리 세상에 호소하고 싶은 의욕을 싹틔웠다. 그러한 강렬한 인도적 정열에서 나온 작품이 사람들의 마음을 뒤흔든 것은 오히려 당연했을 것이다. 그는 작품에 등장하는 한 흑인에게 다음과 같이 외치게 했다.

"나의 조국이라고? 왜? 윌슨 씨, 당신에게는 조국이 있습니다. 하지만 나 같은 거에게 노예의 어미에게서 태어난 놈에게 무슨 조국이 있겠습니까? 무슨 법률이 있겠습니까? 그것들은 우리들이 만든 게 아닙니다……. 우리들이 찬성한 것들도 아닙니다……. 우리들은 그것에 아무런 관계가 없습니다……. 그것들은 우리들을 학대하면서 언제까지나 노예로 부리기 위해서 있는 것일 뿐입니다……."

건국 후, 급속한 걸음으로 발전을 거듭해 온 미국에도 여러 가지 골치 아픈 사회 문제가 있었는데, 그중에서도 가장 큰 것은 남북의 대립이었다. 북부는 자본주의 공업에 근거하여 보호 관세, 중앙집권을 주장했고, 남부는 농원제 농업에 따라 자유무역, 각 주의 자립을 요구했다. 흑인 노예 문제에 대한 남북의 대립도 이러한 경제적 사정이 다른 데서 오는 원인이 컸다. 즉, 북부의 자본주 공업은 자유스러운 노동력의 흡수가 유리한 데 비해 남부에서는 토지에 고정할 노예적인 노동이 농사에 유리했다.

서부지역 개척에 따라 새롭게 생긴 주를 자유 주로 할 것인가, 노예 주로 할 것인가에 대해서 남북의 의견 충돌은 점점 날카로워졌고, 결국 1860년 노예제도 반대를 주장하는 공화당의 링컨이 대통령에 당선되자 남부 여러 주는 연방을 탈퇴하고 따로 아메리카 맹방(The Confederate States of America)을 만들어 그들의 독립을 선포하며 북부와 싸우게 되었다.

남북전쟁이 2년째로 접어들고 승패가 어느 쪽으로 기울 것인지 전혀 예측할 수 없던 1862년, 링컨은 다음과 같은 포고를 내렸다.

"1862년 9월 22일부로 아메리카 연방 정부 대통령은 특히 다음 사항에 관해 선언한다. 즉, 1863년 1월 1일로 여하한 주, 주 내의 국민이 반역 중이라고 지정된 지역이라 할지라도 노예의 신분에 놓인 자는 모두 그날로부터 영구히 자유인이 된다. 연방 정부 및 육·해군 당국은 이러한 자들의 자유를 인정하며, 또한 지켜 주며, 이들 중에 어떠한 자가 자기의 진정한 자유를 얻기 위해서 애를 쓰더라도 결코 그것을 억압하는 행동에 나서지 못한다."

이 선언은 북군의 깃발에 빛을 가했고, 반대로 남군은 그 기세가 몹시 꺾였다. 북군은 우세한 해군력으로 남부를 봉쇄하고, 게티즈버그의 승리로 그의 우위가 인정되었다. 그리고 1865년 5월 남부의 수도 리치먼드의 함락으로 남북전쟁은 그 막을 내렸다.

〈엉클 톰의 오막살이〉는 남북전쟁을 일으키고 노예를 해방한 책이라 말하고 있다. 링컨은 이 책의 저자와 처음 만났을 때 말했다.

"당신이 이 커다란 전쟁을 일으킨 조그마한 여성입니다."

또 링컨은 이렇게도 말했다고 한다.

"노예 해방의 싸움에서 부인의 펜의 힘은 북군의 명장 그랜트 장군이 이끄는 10만 군대보다 강했습니다."

그러나 미국의 흑인문제는 노예 해방으로 완전히 해결된 것은 아니었다. 그것은 제도상에 노예는 없어졌지만, 뿌리 깊은 인습과 편견은 아직도 살아남아 있으며, 사회 평등과 민주주의를 표방하는 미국으로서도 아직 인종차별 문제는 심각한 골칫거리로 남아 있다. 스토우 부인은 자기의 소설을 가리켜,

"하느님이 이 책을 쓰신 겁니다."

하고 말했다고 한다.

인민의, 인민에 의한, 인민을 위하는 정치

'인민의, 인민에 의한, 인민을 위하는 정치(Government of the people, by the people, and for the people)'라는 말은 민주주의의 이상을 간결하게 표현한 것으로서 자주 인용되고 있다. 이 말은 미국 10대 대통령 링컨이 게티즈버그에서 한 연설 속에 나온다.

게티즈버그는 펜실베이니아주의 남부에 있는 소도시로서, 남북 전쟁의 옛 싸움터이다. 여기서 1863년 7월 1일부터 3일까지 대격전이 벌어졌고, 북군이 대승리를 거두었다. 싸움은 그 후 2년이나 계속되었지만, 이때 이미 남북전쟁의 대세는 결정되었다.

링컨의 이 연설은 두 시간에 걸쳐 열변을 토한 어떤 연사의 뒤를 이어 갑자기 연단에 불려 나가 한 것인데, 먼저 사람의 일대 열변은 사람들의 귀에서 잊혔는데 링컨의 불과 몇 마디 되지 않는 이 연설은 영원히 빛을 내며 남았다. 미국의 초등학교 아동들은 그 전문을 외우게 되어 있다.

링컨은 자유를 수호하고 미래를 위하여 쓰러진 용사들의 공적을 찬양한 뒤에 그의 말을 다음과 같이 맺었다.

"살아남은 우리들은 여기에 있어 단단히 결심을 굳게 해야 한다. 이들 죽은 사람을 개죽음시켜서는 안 된다고. 이 국민은 하느님 밑에서 새로이 자유를 탄생시키게 될 것이라고. 그리고 그 인민의, 인민에 의한, 인민을 위하는 정치를 지상에서 없애지 않을 것이라는 점을."

'인민의, 인민에 의한, 인민을 위하는 정치'라는 이 말은 이로부터 널리 사람의 입에 오르게 되었는데, 링컨도 '그'라고 했듯이 그도 다른 사람의 말을 인용했던 것이었다.

당시의 설교가이던 쇼도 바카(1861~1860)라는 사람의 저서 속에 이미 이 말이 보였으니, 링컨은 아마도 이 말을 바카에게 빌려왔을 것으로 보인다. 바카 이전에는 정치가이며 웅변가이던 다리엘 웨프스타(1782~1852)가 같은 말을 쓰고 있었다고 한다.

그런데 사실은 이 말의 기원은 훨씬 더 이전으로 올라간다. 14세기의 영국에 위클리프라는 종교개혁의 선구자가 있었는데, 그는 성서를 영어로 완전히 번역한 최초의 사람으로 유명하다. 1384년에 출판된 그 영어의 구약성서 머리말에 이 말이 쓰여 있다. 종교개혁과 민주주의가 결부되는 것은 오히려 자연스러운 일일 것이다.

여기서 '인민의 정치'라는 말에 대해서도 인민 주권을 가리키는 뜻으로도 해석하지만, 여기서는 통치를 받는 인민의 수동적인 처지를 말한다고 보는 것이 타당하다. 즉, 정치는 인민의 처지에서 인민의 것이어야 한다는 의미로 해석될 것이다.

"국민의 일부를 늘 속일 수는 있다. 국민 전부를 한순간 속일 수도 있다. 그러나 국민 전부를 늘 속일 수는 없는 일이다."

이것도 링컨이 남긴 말이다.

남북전쟁이 북군의 승리로 돌아가고, 노예제도의 폐지가 선포되자 남부 사람들 사이에서 링컨을 미워하고 암살을 음모하는 자가 있었다.

1865년 4월 14일, 남군의 명장 리 장군이 항복했다는 보고가 들어와 워싱턴은 승리의 환희에 들끓고 있었다. 그리고 그날 밤 링컨은 부인과 함께 워싱턴의 포드 극장에서 '우리 아메리카의 사촌'이라는 희극을 관람 중이었다. 이때, 링컨은 갑자기 극장 뒤에서 한 자객의 습격을 받았다. 링컨은 귀 뒤에 권총을 맞아 의식을 잃고 그 자리에 쓰러졌으며, 이튿날 아침 세상을 떠났다. 범인은 링컨을 쏘고 난 뒤 무대 위로 뛰어올라,

"폭군의 말로(末路)는 으레 이런 것이다!"

라고 라틴말로 소리치며 달아났다.

그 후 극장의 창고 속에서 범인이 발견되었는데, 항복하고 나오지 않아 불을 질렀다. 그리고 달아나는 범인을 쏘아 죽였다.

철혈血鐵 재상

비스마르크(1815~1898)는 사내다운 태도가 분명한 정치가였다. 1851년에 그는 프로이센의 사절로서 프랑크푸르트의 연방의회에 나갈 것을 제의받았을 때 그 자리에서 수락의 뜻을 밝혔다. 빌헬름 1세는 비스마르크를 보고 말했다.

"그대는 처음으로 맡는 직무를 대번에 수락한 걸 보니 너무도 용감하구먼!"

그러자 비스마르크는 대답했다.

"용감성은 오히려 폐하께 있사옵니다. 제가 직책을 능히 다하지 못할 때는 먼저 저 자신이 소환하도록 청할 것입니다. 폐하께서 저에게 직책을 맡기실 용기가 있다면 저에게도 복종할 용기가 있사옵니다."

이에 대해서 왕은 대답했다.

"그렇다면, 어디 시험을 해 보세."

비스마르크는 걱정이 되는 직책을 충분히 완수하고 돌아왔으며, 결국은 프로이센 전체의 정치를 그 손에 잡게 되었다.

그러나 그렇게 되기까지는 결사적인 의지가 필요했다. 국회의 분위기는 비스마르크에게 매우 불리했다. 왕은 육군의 재편성을 수행하려고 했는데, 국회는 이에 응하지 않았다. 이 소식을 들은 왕은 매우 실망한 끝에 왕위에서 물러나려고 했다. 이때 비스마르크는 파리 주재 공사로 있던 로렌의 전보를 받았다. 전보 내용은 왕이 퇴위할 의사가 있음을 전한 것이었다. 비스마르크는 곧 왕에게로 달려갔다. 그는 왕에게 끝까지 의회의 반대와 싸울 굳은 결심을 피력했다.

"그렇다면 그대와 더불어 싸움을 계속하는 것이 나의 의무이다. 나는 퇴위하지 않겠다."

왕은 말했다.

1871년 9월 30일, 예산위원회 석상에서 비스마르크는 자신 있는 어조로 다음과 같이 말했다.

"독일의 상태는 다수결로 개선되지는 않는다. 오로지 철과 피로만 된다."

의원들은 크게 분격하며 비스마르크에 덤벼들었다. 의회의 공기는 살벌했다.

빌헬름 왕은 비스마르크라는 사람을 몰랐다. 왕은 어두운 예감을 가지며 호소했다.

"나는 이번 일이 어떠한 결과를 가져올 것인지 정확히 예견할 수가 있다네. 오페라 광장에서 자네의 목이 달아날 것이고, 얼마 후에는 내 목도 달아나게 될 것일세."

비스마르크는 눈 하나 깜짝 안 하고 대답했다.

"우리는 언젠가 죽지 않으면 안 됩니다. 그리고 우리에게 그 이상 더 뜻 깊은 죽음의 방법이 무엇이겠습니까? 그것은 저 자신에게는 저의 왕이신 폐하를 위한 싸움에서 죽는 것이며, 폐하 자신을 말하더라도 하늘에서 받은 왕권을 위하여 싸우는 것이오니, 기요틴이 앞에 있는 싸움터가 가로 놓였다고 해도 두려울 것이 무엇이겠습니까. 마땅히 피로써 증명하는 일이 아니겠습니까?"

비스마르크의 결사적인 결의에 왕도 기운을 얻었다. 왕은 생사를 걸고 부서를 지키는 장교의 입장을 스스로 느꼈다. 비스마르크가 '철혈 재상'으로 불리는 것은 그가 의회에서 한 말과, 그의 결사 돌진하는 강한 전투 의욕을 말한 것이다.

운하運河는 여왕 폐하의 것

디즈레일리라고 하면 빅토리아 여왕 시대의 정치가로서, 보수당 측의 영수로 반대당인 자유당의 글래드스턴과 함께 쌍벽으로 알려진 사람이다.

글래드스턴이 소위 진보적 정치가로서 자유의 사도처럼 추어올려진 데 반해 디즈레일리는 영국 제국주의의 사도로서 저널리즘의 바람은 거셌지만, 적어도 실제 정치가로서는 글래드스턴보다는 한 수 위이며, 인물도 정치가에 흔히 있는 위선자는 아니었던 모양이다.

수에즈 운하를 매수할 무렵의 이야기는 그의 과단성과 여왕으로부터 받고 있던 신임이 얼마나 두터웠던가를 나타내고 있다.

수에즈 운하는 1869년 프랑스의 기술자 레셉스의 노력으로 개통을 보았는데, 이집트 정부는 재정적으로 곤란에 빠져 그를 타개하고자 운하의 주권을 프랑스 정부에 팔려고 했다. 오늘의 상식으로 생각하면, 프랑스가 얼핏 이를 사지 않았다는 것은 매우 이상한 일이다. 프랑스는 유럽과 아시아를 연결하는 운하의 앞으로의 중요성을 인식하지 못하고 주저하는 태도를 보인 것이다.

이 정보가 디즈레일리의 귀에 들어오자, 그는 즉각 비서를 유대계 재벌의 왕자로 군림하던 로스차일드에게로 보냈다. 디즈레

175

일리 자신도 유대 출신이었다. 로스차일드는 때마침 아침 식사 테이블에 자리를 잡고 있었는데, 수상의 비서는 헐레벌떡거리며 말했다.

"수에즈 운하 주를 매수하는데 2천 폰드의 돈이 필요합니다."

"그런데, 담보는?"

로스차일드가 물었다.

"영국 정부입니다."

"내지요."

이리하여 수에즈 운하의 지배권은 영국의 수중으로 떨어졌다. 디즈레일리는 모든 수속을 마치고는 여왕 앞으로 가서 보고했다.

"이제 막 돌아왔습니다. 운하는 여왕 폐하의 것입니다."

베를린 회의 때 디즈레일리의 언행도 널리 알려져 있다. 이 회의는 러시아가 범슬라브주의의 깃발을 올리고 터키를 쳐부수고 동구 여러 나라를 지배하에 둔 데 대해서 영국과 오스트리아가 이를 저지할 목적으로 독일의 비스마르크 수상의 협력을 얻어 1878년에 개최된 것이었다. 그때 디즈레일리는 해소병의 발작으로 괴로움을 당하여 육체적 조건은 극도로 나빴는데도 불구하고 몸소 이 큰 국제회의에 참석하여 외교의 비책을 다하여 러시아의 야망을 꺾는 데 성공했다.

회의의 주최자는 보불전쟁에서 승리를 거두어 의기충천하던 신흥 제국 독일의 수상 비스마르크였는데, 이 기골이 억센 노련한 정치가는 별과 같이 총총히 앉아 있는 각국 대표의 얼굴을 둘러보고 마지막으로 디즈레일리에게로 시선이 멈추더니, 측근에게 속삭였다고 한다.

"저 늙어빠진 유태인 영감태기, 저 영감이 이 속에서 제일 먹히지 않는 놈이란 말이야."

어느 날 비스마르크는 회의장의 영국 대표의 대기실 앞에 서서 살짝 그 속을 엿보려고 했다. 안에 있던 디즈레일리는 재빨리 실크 모자를 쓰더니 비스마르크 앞을 막아섰다. 비스마르크는 노기를 품고 말했다.

"나는 독일제국의 수상이오."

디즈레일리는 냉랭하게 대답했다.

"나는 영국제국의 수상이오."

그는 또 많은 소설을 써서 작가로서의 역량을 과시했다.

그에 비해 그의 아내는 평범한 여성이었다. 아름답지도 않고 재치도 없었다. 그러나 그는 자기보다 나이가 많은 아내에게 죽을 때까지 상냥했다. 그가 젊은 나이로 정계에 뛰어들었을 때 아내의 재정적 도움에 힘입은 바 많았기 때문이었다.

1870년, 보불전쟁에 대패하고 나서 모든 정치적 야망을 꺾이고 황제의 자리에서 물러난 나폴레옹 3세는 실의의 몸으로 영국에 망명했다. 하루는 디즈레일리 내외가 그를 호수의 뱃놀이에 청했다.

폐왕은 노를 잡고 저었는데, 그런 일은 서툴렀던 모양인지 보트가 무엇엔가 걸려 움직이지를 않았다. 나이가 위인 디즈레일리 부인은 어린아이를 야단치듯이,

"그대는 스스로 힘에 겨운 일을 하셔서는 아니 됩니다."

나폴레옹 3세는 배를 쥐고 웃음을 터뜨렸는데, 부인은 깜짝 놀란 표정이었다. 냉정하기 찬물 같은 디즈레일리 쪽에서도 킥킥거

리는 웃음소리가 들려왔다. 요컨대 디즈레일리는 좋은 의미로나 나쁜 의미로나 영국 제국주의의 챔피언이었다.

"식민지가 독립했다고 식민지가 없어져 버리는 것은 아니다."

이러한 말 가운데에도 정치가로서 그가 복잡한 현실을 날카롭게 투시하고 있었다는 것을 알 수 있다.

리빙스턴 박사 아닙니까?

아프리카 탐험으로 유명한 리빙스턴은 1813년 스코틀랜드에서 태어났다. 집이 가난했으므로 독학으로 기초 교육을 마치고, 글래스고대학에 입학하여 의학과 신학을 이수했다. 졸업 후 런던 전도교회의 의료전도사가 되어 1841년에 아프리카 남부 전도를 위해 길을 떠났다.

1849년부터 아프리카의 깊은 골짜기를 탐험하기 시작했는데, 칼라하리 사막을 넘어 느가미 호수에 이르러 잠베지강 상류를 탐색하고, 1855년 빅토리아 폭포를 발견했다. 그리고 본국으로 돌아와서 〈남아프리카 전도 여행기〉라는 책을 냈다. 1858년에서 1863년에 걸쳐 또다시 탐험 여행에 나섰으며, 1864년에 귀국하여 〈잠베지강과 그 지류 탐험기〉를 저술했다.

1866년 왕립지리협회의 의뢰로 잠베지와 나일강 수원지의 탐험을 계획했는데, 그 뒤 한 5년간 전혀 소식이 끊겨 생사가 의심되었다. 그러다 1871년에 이르러 미국의 탐험가 스탠리 일행에 의해 탕가니카호반 우지지 부근에서 열병에 볼 수 없게 쇠약한 늙은 백인으로 발견되었다. 스탠리가 가까이 가서,

"리빙스턴 박사가 아닙니까?"

하고 물었다.

노인은 고개를 끄덕였다.

리빙스턴은 스탠리와 헤어지고, 1873년 병에 걸려 뱅귀울루 호에서 죽었다. 영국 정부는 리빙스턴이 암흑대륙의 전도 사업과 탐험에 바친 공적을 찬양하여 웨스트민스터 사원에 유해를 묻었다. 잠베지강 변에는 그의 이름을 쓴 동네가 있고, 박물관에는 유품이 전시되고 있다.

리빙스턴은 소위 암흑대륙과 관계를 맺은, 유럽 사람 가운데에 가장 인도적이고 양심적인 타입을 대표하는 인물이라고 할 수 있다. 그에게도 백인 우월의식은 있었으나, 기독교적 인도주의 입장에서 원주민의 구제를 생각했고, 결국 그 사명을 위해서 생애를 바쳤다.

'리빙스턴 박사가 아닙니까(Dr. Livingstone, I presume?)?'라는 말은, 영국이나 미국에서는 뜻하지 않게 오래간만에 만났거나, 오랫동안 찾던 사람을 갑자기 만났을 때 쓰이는 표현이다. 우리말에 속된 표현으로 '죽지 않고 살아 있었군?' 하는 말과 같은 뜻이지만, 품위를 갖춘 말이다.

지킬 박사와 하이드

'지킬 박사와 하이드'는 영국의 전기 작가 스티븐슨의 작품 제목인데, 아마도 작가 자신이 의도한 이상의 의미가 이 말에 첨가된 것 같다.

이야기의 줄거리는 영미에서는 거의 모를 사람이 없을 정도로 널리 알려져 있다. 지킬 박사라는 주인공은 인간성에 관해서 심원한 연구를 기울이던 중 기이한 효과를 나타내는 비약을 만들어 냈다. 그것을 먹으면 육체적으로나 정신적으로 전혀 다른 사람으로 변하는, 악마의 약이었다. 박사가 스스로 실험실에 올라 그 약을 먹었더니 하이드라는 전혀 새로운 인간이 나타났다. 이 인물은 박사를 뒤집어 놓은 듯한 존재로서, 외모가 추악할 뿐 아니라 인간적인 양심은 조금도 찾아볼 수 없는 그런 괴물이었다.

그런데 기묘한 일은, 박사가 하이드로 변신한 뒤에는 남모르게 기쁨을 느꼈다. 상식을 풍부히 갖춘 신사로서의 박사는 그 명성이나 사회적 체면 때문에 여러 가지 행동의 제약을 달게 받으며 그에 추종하고 있었다. 현대 정신분석학의 용어를 빌리자면 박사의 마음에는 그러한 정신적인 억압에 싸여 있었다. 그런데 하이드라는 완전한 가면을 씀으로써 그러한 구속에서 벗어나는 것이다. 하이드는 밤거리를 헤매면서 갖은 악덕 속에 몸을 빠뜨린다. 그러나 일단 집에 돌아와서 환원제를 마시면 하이드라는 인물은 소멸하고 만다. 박사는 이렇게 하여 매일 밤 비밀의 환락을 찾아 헤맨다.

그러는 중, 일종의 중독 증상 같은 것이 나타났다. 박사의 몸 안에서 하이드적인 요소가 차츰 늘어나기 시작한 것이다. 환원제의 분량을 점점 더 많이 써야만 약효가 나더니 드디어 무서운 사태에 이르고 말았다.

어느 날, 집에서 박사의 모습으로 졸고 있었는데 문득 정신을 차려 보니, 약을 먹지도 않았는데 저절로 하이드로 변해 있었다. 한편, 환원제의 원료는 이미 떨어지고 없었다. 박사는 비밀이 발각되는 것이 두려워서 자살하고 만다.

이 이야기는 그것이 매우 공상적인 것임에도 불구하고, 야릇한 실감을 주는 데가 있다. 그것은 이 작품 속에서 인간의 마음속에 스며 있는 선과 악, 미(美)와 추(醜)의 갈등이 상징적으로 표현되어 있기 때문일 것이다.

이 작품에는 앞에서 말한 대로 정신분석학적인 요소가 많이 포함되어 있는데, 이 작품이 쓰이게 된 과정도 프로이트를 연상케 한다.

어느 날 아침, 스티븐슨은 자면서 무서운 소리를 질렀다. 놀란 아내가 급히 그를 흔들어 깨웠더니,

"마침 잘 깨워 주었어! 소름이 끼치는 괴상한 꿈을 꾸었어."

라고 그는 말했다.

이 꿈이 〈지킬 박사와 하이드〉로 열매 맺은 것이다.

이밖에도 그럴듯한 재미있는 일화가 있는데, 사실은 이 작품에도 모델이 있었던 것 같다.

1700년 무렵, 윌리엄 브로디라는 인물이 있었다. 그는 시(市)의 명사의 한 사람이었다. 독신이고 근엄한 신사로서 존경을 받고 있었는데, 그의 생활은 낮과 밤이 전혀 달랐다. 몰래 두 정부를 숨겨두고 있었을 뿐 아니라, 수십 개의 비상용 열쇠 뭉치를 가지고 다니면서 교묘하게 도둑질했으며, 그 돈으로 도박장에 출입하며 깡패들과도 접촉하고 있었는데, 나중에 그 비밀이 드러나서 망신당했다고 한다.

약을 먹고 변신한다는 초현실적인 부분을 뺀다면, 지킬 박사는 거의 윌리엄 브로디와 같다. 스티븐슨이 이 인물에게 암시받은 것은 틀림없을 것이다.

어느 쪽이든지 간에, 하이드가 되고 싶어 하는 욕망이나 꿈이 건전한 사람의 마음 한구석에 숨어있지 않다고 말할 수는 없을 것이다.

알타미라의 동굴

1879년, 스페인의 북부에 알타미라라는 마을이 있는데, 한 마리의 여우가 사냥꾼에 쫓겨 구멍으로 도망을 쳤다. 그 구멍 입구에서 선사시대 것으로 생각되는 유물이 발견되었다.

그곳의 영주는 산도오우라 자작인데, 그는 고고학에 취미가 있어 다섯 살 난 딸을 데리고 동굴 속을 들어가 보았다. 영주가 여기저기 파 보는 동안, 그의 어린 딸은 촛불을 들고 따라다녔는데, 갑자기,

"소가 있어, 소가 있어!"

하고 소리쳤다.

자작은 놀라 딸아이가 가리키는 천장을 보았더니, 거기에는 소와 말과 사슴 등의 동물의 약동하는 모습이 점묘법(點描法), 농담(濃淡)에 의한 음영법 등의 수법으로 그려진 그림이 동굴 안을 휘덮듯이 가득 차게 그려져 있었다. 자작은 이 그림이 매우 오랜 옛시대 것임을 믿고 이것을 학계에 발표했다. 그러나 학자들은 그 그림이 너무도 교묘하게 잘 그려졌기 때문에 영주가 자기의 명성을 위한 위작(僞作)이 아닌가 하고 의심했다.

그 후 1895년에 이르러, 프랑스 서남부의 도르도뉴강 지류인 베제르강 하곡에 있는 라스코 동굴에서 구석기시대와 신석기시대의

유물이 발을 디딜 수 없게 쏟아져 나왔다. 여기서 동굴 생활을 하던 고대에 역시 동굴미술이 있었다는 것을 인정하기에 이르렀다.

그 후 프랑스 남부와 스페인에서 동굴 안에 그려진 그림이 연달아 발견되었고, 현재까지 스무 군데 정도가 되고 있다. 그러나 알타미라의 동굴에서 본 그림만큼 미술적으로 뛰어난 것은 아직 없었다.

이들 동굴미술의 주체는 주로 동물이며, 그중에는 매머드나 그 밖에 지금은 멸종한 원시시대의 거대한 동물도 있었다. 채색은 대개 갈색, 붉은색, 노란색, 파란색, 녹색 등을 사용했는데, 명암과 음영, 색의 농담은 말할 것도 없고, 원근법까지 구사하고 있었다.

주목할 것은 동굴 그림이 주로 일광이 통하지 않는 석회암 굴의 구석진 곳에 그려져 있었다는 점이다. 이것은 그 그림들이 감상을 위해 그려진 것이 아니고, 아마도 수렵에서 많은 성과를 바라는 푸닥거리의 목적으로 그려진 것이 틀림없는 것이다. 이러한 여러 정황으로 동굴회화는 홍적세 말기 인류의 수렵 생활과 관련 있는 것으로 보게 되는 것이다.

보이콧Boycott

'보이콧'이라는 말은 보통 노동자가 단결해서 자본가와의 관계를 끊는다든지, 혹은 소비자가 단결해서 상품을 사지 않는 불매운동 등을 의미할 때 쓰이는 말인데, 그 밖에도 광범위하게 쓰여 독일어, 프랑스어를 비롯한 여러 나라의 말에 흡수되었다.

　이 말은 1880년 아일랜드의 소작인들로부터 배척당한 지주의 마름 보이콧(1832~1897)이라는 인물의 이름에서 생긴 것이다. 육군 대위의 이력을 가진 이 마름은 사람 됨됨이가 몹시 짜고 인색해 농민 중 누구 하나도 그를 좋게 보는 사람이 없어서 배척당했다고 한다. 그럴 뿐만 아니라 업자들 간에도 그와의 모든 거래를 끊고 말았다. 이것이 오늘의 보이콧이란 말의 유래이다.

초인超人

니체(1844~1900)는 인간을 의지가 강하고 정신력이 왕성한, 그리고 향락적인 귀족주의로 보았다. 즉, 기독교적·민주주의적 윤리 사상을 약자의 노예 도덕이라 배척하고, 강자의 자율적 도덕인 군주 도덕을 찬미했다. 그의 이상은 이같이 고답적이었으므로 인간의 일반적인 수준에 대해서는 반대 입장이었다.

초인이란 무엇인가? 〈자라투스트라는 이렇게 말했다〉의 머리말에서 그는 이렇게 쓰고 있다.

"나는 너희들에게 초인을 가르쳐 주마. 인간이란 넘어설 수 있는 어떤 물건이다. 인간을 극복하기 위해서 너희들은 무엇을 했던가? 지금까지의 모든 생물은 자기 자신을 뛰어넘는 무엇인가를 창조했다. 그런데 너희들은 이 위대한 밀물의 썰물이 되겠다고 생각하는가? 인간을 극복하는 것보다 오히려 동물로 돌아가려 하는가. 인간에 있어서 원숭이의 존재는 무엇인가? 웃음거리가 아니더냐? 그렇지 않으면 고통스러운 수치다. 인간은 초인에 대해서 바로 이래야 한다. 다시 말하면 웃음거리거나 고통스러운 수치다."

이 초인이란 말은 그 이전에도 있었던 것으로, 1527년에 어느 신학책에 보였고, 괴테 파우스트의 초고에도 씌어져 있다.

니체는 〈선악의 피안(彼岸)〉에서 도덕에는 '군주 도덕'과 '노예 도덕'이 각각 있다고 했다. 군주 도덕은 군주적인 인간 것이고, 노예 도덕은 노예적인 인간을 위한 것이다. '군주적인 인간'에게는 '군주적인 권력' 있고, '정복 및 군주적인 인종'으로는 아리아인이 있다고 함으로써 나치의 이론에 흡사한 우월 인종론을 펴고 있다. 같은 저서 속에 축군적인간(蓄群的人間)을 군주적 인간의 반대라 말하고 있다.

니체는 '이 사람을 보라' 속에서 〈자라투스트라는 이렇게 말했다〉의 3부의 각 부를 열흘간에 써냈다고 하는데, 니체도 확실히 초인이었다.

나중에 그는 미쳤는데, 처음 그는 발작을 일으키고 길거리에서 일대 소동을 벌인 일이 있다. 지쳐서 길바닥에 서 있던 늙은 마차의 말 목을 끌어안았던 것이다. 그의 마음속에서 넘쳐흐르는 동정심이 그러한 기행을 하게 했던 것이다.

니체는 초인을 설명했을 뿐 아니라, 남성과 여성에 대해서도 견식을 가지고 있었다. 니체가 젊었을 때, 학창 친구들과 남성과 여성의 차이에 대해서 떠들고 있었다. 이때 그는 이에 대하여 멋진 정의를 내렸다.

"남성의 최대 행복은 내가 그를 원한다. 여성의 최대 행복은 그가 나를 원한다."

〈자라투스트라는 이렇게 말했다〉의 서문 속에 수록되어 있다.

삼각관계

노르웨이의 작가 입센(1828~1906)의 희곡은 세계적으로 읽히기도 하고, 무대에 오르기도 하여 그가 쓴 드라마의 제목이나 극 속의 대사들은 자주 인용되고 있다.

1877년의 드라마 '사회의 기둥'이라는 타이틀도 그렇다. 또 '유령' 속의 오스왈드 말로,

"어머니, 나에게 태양을 주세요!"

라는 말도 널리 알려져 있다.

'들오리'라는 작품의 주인공인 애크달은 게으름뱅이고 욕심이 많은 사나이인데, 다른 사람들에게 재치 있는 인간이라고 인정을 받도록 하면서 자기 편리한 대로 자기의 이익을 위해서 남을 이용하는 타입의 인간이다.

'햇타 가부라'에 나타나는 '삼각관계'란 말도 매우 널리 퍼졌다. 오늘날 흔히 쓰는 삼각관계란 말도 이 희곡에서부터 널리 일반에게 퍼진 것이었다.

그러나 입센보다 먼저 리히텐베르크가 '지복(至福)의 삼각형'이란 말을 썼는데, 입센은 거기서 이 말을 얻은 것 같다. 리히텐베르크의 설명에 의하면 '지복의 삼각형'이란 이탈리아에 '남편, 아내, 애인'의 관계라고 한다.

이 극의 5막 끝에,
"아름답게 죽는다."
라는 말이 있는데, 이것도 널리 인용되고 있다.

인생은 예술을 모방한다

'인생은 예술을 모방한다'라는 말은 연극의 탐미파의 거장 시인 오스카 와일드(1854~1900)가 말한 유명한 역설의 하나이다. 아리스토텔레스 이후로 '예술은 자연을 모방한다'라고 하는 것이 세상의 상식이었는데, 와일드는 이를 뒤집어엎고 인생이나 자연이 예술을 모방한다고 말했다. 그의 '거짓말의 쇠퇴'라는 대화체로 된 논문 속에 이 말이 나온다.

그가 말한 '거짓말'이란, 문학적으로 해석하면 상상 또는 시적인 창조에 해당한다. 그는 당시 한창 깃발이 거세던 자연극 만능 풍조에 반발하여 그가 말하는 '거짓말'의 예술을 선양했던 것이다. 그는 '예술을 위한 예술'의 주창자로서 영국에서 최고위로 인정받고 있다.

그런데 그가 진정 말하고 싶었던 것은 예술 앞에 인생이 있다는 것이 아니라, 인생 앞에 예술이 있으며, 예술이야말로 인생을 변혁시키는 원동력이라는 것이다.

파랑새

벨기에의 극시인 마테를링크는 1909년 '파랑새'라는 아동극을 발표했다. 가난한 나무꾼 자식 치르치르와 미치르는 크리스마스 이브에 똑같은 꿈을 꾼다. 둘은 선녀의 부탁을 받고 병든 선녀의 딸을 위해서 파랑새를 찾으러 나선다. 선녀가 빌려준 요술 모자를 쓰고 '추억의 나라', '밤의 나라', '죽은 자의 나라', '미래의 나라' 등을 차례로 돌아다녀 보는데, 여러 가지 기이한 일과 모험에 부딪힌다. 그러나 그들이 찾는 파랑새는 결국 찾지를 못했다. 실망하며 눈을 떴을 때, 파랑새는 자기 집 조롱 속에 있었다는 줄거리다.

마테를링크는 상징파의 작가로서, 우화적이고 환상적인 작품을 많이 써냈는데, 이 아동극도 역시 그렇다. 다시 말할 것도 없이 '파랑새'란 행복이라는 붙들기 어려운 것을 상징하고 있다. 그리고 인간은 그 행복을 멀고 먼 곳에서 찾아보려고 애를 쓰는데, 사실은 그것이 바로 우리 주변에 있는 것이다. 이것이 이 작품의 테마이다.

줄거리만 뽑아 본다면 통속적인 교훈극과 다를 것이 없는 것 같지만, 작품을 읽고 느끼는 감흥은 그렇게 얕은 것이 절대 아니며, 그 속에도 인생 관조의 깊은 눈이 반영되어 있다.

'파랑새(Blue bird)'라고 하면 북부 아메리카산의 티티새를 가리키는데, 유럽에서는 옛날이야기 속에 자주 등장하는 가공의 새이며, 마테를링크는 그 이미지를 빌린 것이었다.

동東은 동東, 서西는 서西

'동(東)은 동(東), 서(西)는 서(西)'라는 말은 〈정글북〉의 작자인 키플링(1865~1936)의 시의 한 구절이다. 그 의미는 동양과 서양은 근본적으로 이질적이며, 결코 융화될 수 없다는 것이다. 그 뒤에 계속하여,

"그러나 두 사람의 강한 사나이(휴머니티 한 참된 인간)가 손을 마주 잡는다면 '동'도 '서'도 없고, 국경, 종족, 신분도 해소되고 말리라."

라고 희망적인 말을 하고 있다.

이것을 보면, 키플링은 반드시 동서가 융합하는 것은 전적으로 불가능하다고 단정을 내린 것은 아니지만, 양자 간에 놓인 단절은 숙명적으로 깊은 거로 생각했던 것은 틀림없다.

19세기 말에서 20세기 초에 걸쳐 제국주의적 식민정책이 활개를 치던 시대에 동방에 대한 서방, 유색 인종에 대한 백색 인종의 극단적인 우월감에 대한 비판이 키플링의 말 속에 숨어있을 것이다.

'백인의 무거운 짐'이라는 시가 또 있는데, 이 말은 백인종의 우월의식을 은근히 찌른 것이며, 백인종은 유색 인종들을 지도 계몽할 책임이 있다고 했다. 즉, 침략과 경멸의 요소를 인도주의적인

면에서 지도와 계몽의 요소로 바꿔야 한다는 것이다.

천재란,
인내에 관한 위대한 능력

에디슨은 1847년 오하이오주에서 태어났으며, 일곱 살 때 초등학교에 들어갔는데 저능아의 딱지가 붙어 중도 퇴학을 했다. 교사가 둘과 둘은 합치면 넷이라 한 말이 그에게는 도저히 이해가 안 갔다. 그 후 어머니가 손수 교육했는데, 열한 살 때는 지하실에 실험실을 만들어 놓고 실험에 몰두하기 시작했다.

그는 열세 살 때 신문팔이가 되었고, 그 밖에 몇 가지 직업을 전전했다. 그 뒤 1869년에 최초의 발명인 '자동중계기(自動中繼機)'를 완성했다. 그로부터 그의 연구 활동은 과연 발명왕의 이름을 들을 만큼 눈부셨으며, 주요한 발명품만 꼽더라도 백열전등(1879), 전기철도(1881), 축음기(1887), 활동사진(1891), 토키(1912) 등을 들 수가 있다.

그는 여러 가지 점에서 대표적인 미국 사람이라 할 수 있다. 그는 과학자이기는 했지만, 진리의 탐구자와 같은 학구적인 사람은 아니었다. 그의 연구는 대부분 실용과 결부되고 있었다. 프랭클린에서 비롯하여 에디슨, 포드 등에 연결되는 일련의 인간상이 미국의 물질문명을 쌓아 올린 하나의 커다란 받침 기둥이 된 것은 확실하다.

에디슨은 다른 사람이 그의 천재적인 영감을 찬양했을 때 '천재란 1%의 영감과 99%의 땀을 말한다'라고 대답했었다. 그의 발명은 어느 밝은 날 아침 갑자기 하늘에서 떨어진 것은 아니며, 한 가지 일을 집중적으로 파고드는 실험의 결과였었다. 이 말은 많은 명언이 그렇듯이 에디슨의 독점물은 아니다. 그보다도 앞서 18세기 프랑스의 철학자 뷔퐁이,

"천재란 인내에 관한 위대한 능력이다."

라는 말을 하고 있었으며, 러시아의 작가 체호프도,

"천재란 노력이다."

라고 말하고 있다.

승리 없는 평화

1914년 6월 28일, 보스니아헤르체고비나의 수도 사라예보를 여행 중이던 오스트리아의 황태자 페르데난트 부처가 세르비아의 민족주의적 비밀 결사 단원인 가브릴로 프린키프가 쏜 흉탄에 쓰러졌다. 이것은 페르데난트 황태자가 합스부르크제국의 재조직화 계획을 지지했기 때문이었다. 이 계획은 실질적으로 자치를 행사하고 있던 기존 게르만인의 오스트리아와 마자르인의 헝가리 외에, 슬라브인이 거주할 제3의 준 독립 지역을 만드는 것이었다. 만약 이 계획이 실현되면 슬로베니아 및 크로아티아계 슬라브인들이 합스부르크의 통치를 받아들일지 모른다는 우려 때문에 세르비아계 극렬 민족주의자들의 반발을 부른 것이었다. 이 '사라예보 사건'이 도화선이 되어 제1차 세계대전이 일어나게 되었다.

오스트리아가 세르비아에 전쟁을 포고하자 배후의 큰 나라들이 움직여 러시아가 나섰고, 독일이 또한 일어나니 프랑스와 영국도 참전하게 되어 연쇄 반응으로 제1차 세계대전의 불길이 올랐던 것이다.

미국은 전통적인 중립 정책을 고수하고 있었는데, 이 전쟁에서 미국은 많은 경제적 이익을 얻었다. 교전국에서 주문이 쇄도했기 때문이다. 그러나 당시의 미국 대통령 윌슨은 이상주의적 성격의 인물로, 이와 같은 인류의 비극을 미국만이 방관하고 있는 건 인도적인 견지에서 옳지 않다고 하여 적극적으로 평화를 호소키로 결의했다. 그 구체적인 표현이 1917년 1월 22일 상원에서 행한 유명한 '승리 없는 평화'라는 연설이었다.

"…현재의 전쟁은 먼저 멈추지 않으면 안 된다. 전쟁을 끝맺게 할 조약이나 협상은 평화를 낳게 할 조건을 갖추지 않으면 안 된다. 그 평화라고 하는 것은 확고하고 보전할 만한 가치가 있는 평화, 인류의 찬성을 얻을 만한 평화이며, 단지 교전국 중의 어느 한쪽의 이익이나 어떤 목적에 이로운 그런 평화가 되어서는 안 된다. 세력의 균형이 아니라 세력의 공동 소유가 필요하다. 조직된 전쟁이 아니라 조직된 공동의 평화가 있지 않으면 안 된다. 즉, 평화는 승리가 없는 평화가 아니면 안 된다. 승리라고 하는 것은 패배한 자 위에 강제된 평화, 패자에 부과된 승자의 조건을 의미한다. 그것은 치욕을 당하며, 협박을 당하며, 견디기 어려운 희생을 바쳐서 받아들이게 될 것이다. 또 나중에 분노와 고통의 추억을 남길 것이다. 그리고 그 위에 평화의 조건이 가로 놓여지게 된다. 그러한 것은 영구성이 없으며, 모래 위에 지어 놓은 누각밖에 안 된다. 평등한 자끼리의 평화만이 영속할 수 있다. 평화의 대원칙은 평등하고, 공통된 복지를 위해서 공동으로 참가하는 것에 있다."

이 이상주의자의 머릿속에는 국제연맹(UN)과 같은 집단 발전 보장의 이념이 이미 싹트고 있었던 것이 틀림없다.

서부 전선 이상 없다

레마르크(Remarque, Erich Maria 1898~1970)가 1928년에 낸 소설의 제목이다. 이 소설은 제1차 세계대전의 전방 병사가 체험한 전쟁을 사실적으로 그린 것이다. 레마르크 자신이 독일군의 한 병사였으며, '서부 전선 이상 없다'라는, 아무리 많은 병사가 죽어도 '이상 없다'라는 뜻이다. '장군의 공 세우는 데 만인(萬人)의 해골이 구른다'라는 말 그대로, 전쟁은 많은 인민을 비참한 죽음으로 몰아 놓는 것이다. 연달아 쓰러지는 새파란 젊은 생명들! 이것이 전쟁인데, 전시에는 이 상태가 평상이며 아무런 이상 느낌도 주지 않는다.

보불전쟁 당시 독일군 중에 오이겐 안톤 데오휠 폰포트빌스키(1814~1879)라는 기다란 이름을 가진 장군이 있었는데, 그는 전장에서 보낸 두 번의 전보에서 모두 다음과 같은 말로 끝을 맺었다.

"파리 전방 이상 없다."

역시 보불전쟁 때 어느 프랑스의 장교가 1870년과 1871년에 걸쳐 독일의 야전병원에 들어가 있었다.

이 장교는 이렇게 말했다.

"당신들의 육군은 지독스럽지만, 외교는 웃음거리입니다."

이 말도 유럽에서 자주 인용되고 있다.

페이비언 협회

영국은 자유당의 로이드 조지를 수반으로 한 거국일치 내각으로
제1차 세계대전을 무사히 넘겼는데, 전시 후 '보통선거법'이 실행
되자 자유당의 세력은 급속히 쇠퇴하고 말았다. 이를 대신하여 노
동당이 현저히 진출하여 보수당과 맞서게 되었다. 그리고 1924년
에는 노동당의 지도자 램지 맥도날드가 수상이 되어 노동당 내각
을 조직했다. 이후 영국의 정치는 이 두 정당 간에 정권이 교대되
면서 오늘에 이르고 있다.

영국의 노동당은 1906년에 발족했는데, 이처럼 눈부신 약진을
한 데에는 사회구조가 달라지고 노동자의 세력이 강해진 데 주요
원인이 있겠지만, 한편 노동당을 이론적으로 무장시키고 뒤에서
미는 역할을 했던 페이비언 협회의 존재를 무시할 수 없다.

페이비언 협회는 1884년에 조직된 정치적 사상 단체로, 사회 조
사관 시드니 웹과 그의 아내인 베아트리스 웹, 소설가인 웰즈, 극
작가 조지 버나드 쇼 등이 그 중심인물이었다. 이들은 급진적인
혁명 수단을 밟지 않고 점진적으로 사회주의를 건설할 것을 주장
했다.

협회의 명칭도 옛날 로마의 장군 파비우스가 느긋한 장기전으
로 한니발의 예봉을 살짝살짝 비껴가며 결국 로마에 승리를 가

져오게 한 고사를 거울로 삼은 것이었다. 다음 것은 '페이비언 협회의 입장'이라는 타이틀을 가진 이 협회에서 간행한 문서 일부이다.

"페이비언 협회는 사회주의자에 의하여 구성된다. 따라서 우리가 목적하는 바는 토지 및 산업자본을 개인 혹은 계급의 소유에서 해방하며, 그것들을 일반의 이익을 위해서 공유화함으로써 사회를 재조직하려는 데 있다. …이상의 제 목적을 달성하기 위해서 페이비언 협회가 바라는 것은 사회주의가 보급되고, 그 결과로 남녀평등권이 확립되는 이외에 제반의 사회적 정치적 변혁을 가져오자는 데에 있다. 그리고 본 협회는 개인과 사회와의 관계에 있어서 경제적·윤리적·정치적 인식을 넓혀 이들 목적 실현에 힘쓴다……."

그리고 마지막 구절은 다음 말로 맺어졌다.

"…현재의 사회 조직에서 고생하는 사람뿐만 아니라 그 덕분에 부자가 되어 잘사는 사람이라도 이 조직의 폐단을 생각하고, 그것을 고치는 수단을 환영할 줄로 안다……."

이 페이비언 협회의 사회주의와 오늘날 공산 진영이 표방하는 것과는 두 가지 점에서 차이를 발견할 수 있다. 하나는 수단에서, 또 하나는 지배권의 조직에 대해서이다. 공산주의는 폭력과 무력으로 강점하려는 것이고, 페이비언 협회의 이념은 사회 여론에 의하여 점진적이며 비강압적인 수단으로, 즉 평화적으로 그 목적을 달성하자는 것이다. 그리고 공산주의는 소위 프롤레타리아 독재라 하여 당에 의한 독재 체제를 실현하고자 하는 것이고, 페이비언의 주장은 어느 당의 편중된 독재를 허용하지 않고 있다.

이와 같은 점진적인 사회주의 사상이 영국에서 건전한 발전을 보인 것은 결코 우연한 일이 아니다. 영국이란 나라는 본래 절대 군주제에 대한 저항이 가장 빨리 나타났던 나라인데, 프랑스와 같이 기요틴을 만들어 왕과 왕비의 목을 잘라 군중에게 쳐들어 보이고, 군중은 환성으로 이에 화답한 피비린내 나는 혁명 소동을 거치지 않았다. 완고한 영국의 봉건 조직이 근대화의 계단에 오르는 과정은 어디까지나 평화적이며, 점진적이었다. 대헌장, 권리청원, 명예혁명 등이 그것이다.

이러한 역사 속에 키워진 영국 사람들의 양식이 페이비언 사회주의를 환영한 것은 오히려 자연스러운 일이었다. 우리가 흔히 쓰는 온고지신(溫故知新)의 교훈을 누구보다도 그 생활과 역사 속에 갖추고 있는 국민이라고 할 수 있겠다.

제왕帝王과 부정父情

19세기 말, 러시아는 서구의 영향으로 자본주의의 발달과 함께 봉건제도에 항거하는 자유주의 사회주의 운동이 매우 성했다. 전제적인 차르 정부는 이를 준열히 탄압했다. 제1차 세계대전이 발발하고 전세가 러시아에 불리하게 되자 그 틈에 불온한 기미가 다시 싹텄다.

1917년 3월, 러시아의 혁명은 프랑스혁명처럼 계속해서 급진전하는 양상을 보였다. 3월 6일 수도 페트로그라드에 폭동이 일어나고, 노동자들도 총파업을 단행했다. 드디어 군대는 이에 동조하여 그들 간에 소비에트가 조직되었다. 정부는 물러나고 국회에서 뽑은 임시 집행위원회가 가정부(假政府)로 들어앉았다. 위원회는 선후책을 협의한 끝에 황제를 물러나도록 결의했는데, 일선의 지휘 장성들도 이에 동의했다.

3월 15일 저녁, 가정부의 대표자 두 사람이 황제를 찾아갔다. 두 사람은 페트로그라드의 정세를 보고하고, 황태자인 알렉세이에게 왕위를 넘길 것을 종용했다. 황제는 이에 동의하고, 다음과 같은 퇴위 조서를 냈다.

"신의 은총에 의하여 러시아의 황제인 나 니콜라이 2세는 나의 충량한 백성에게 선언한다. 러시아의 운명을 결정할 시기에 당하여 나는 승리를 조속히 하고 우리의 인민이 그 힘을 한곳에 모으기 쉽게끔 하는 것을 나의 의무로 생각했다. 이리하여 나는 국회에 동의했고, 국가를 위해 좋게 되도록 염원하면서 러시아의 제위를 물러나고, 최고 권력을 버릴 것을 결심했노라. 나는 사랑하는 자식과 헤어지기를 원하지 않는 고로, 제위를 아우인 미하일 알렉산드로비치 대공(大公)에게 넘기노라. 나는 조국의 모든 충량한 적자(赤子)들이 이 국가적 시련의 고난 시대 차르에게 복종함으로써, 조국에 대한 성스러운 의무를 다하고 인민의 대표자와 더불어 러시아 국가를 승리와 번영의 길로 인도하도록 차르에게 협력할 것을 바라노라. 주이신 하느님은 러시아를 도우실 것이로다……."

여기서 보듯이 니콜라이는 국회의 희망과는 달리 아우인 미하일에게 황위를 넘겨주었다. 그는 사랑하는 자식을 위험한 자리에 앉히고 싶지 않았던 것이다.

이때 니콜라이는 음성을 낮추어,

"제군은 나의 아버지로서의 감정을 이해해 주기 바라네."
라고 말했다고 한다.

니콜라이 2세는 러시아 황실 최후의 황제이며, 가혹한 전제군주의 대명사처럼 저주의 적이 되어 있었으나, 그도 인간이고, 자식을 생각하는 부모의 정은 오히려 그같이 가냘플 정도였던 것이다.

한편, 미하일 대공은 '인민의 의사'가 원한다면 황위를 수락하겠다고 했는데, 결국 인민의 의사는 이를 원치 않았고, 로마노프 왕조는 니콜라이 2세의 퇴위와 더불어 그 종말을 고하게 되었다.

역사는 엉터리

현대는 어느 의미에서 '흐름작업' 시대라고 할 수 있다. 모든 공업 생산물은 일정한 리듬을 따라 물줄기가 흐르는 듯한 공정을 거치는 동안에 제품이 되어 버린다. 그 속에서 일하는 인간이란 관리하는 주체라기보다는 '흐름작업' 속에서 한 개의 부속과 같은 위치에 놓여있다. 이것은 생산 공장뿐만 아니라 사회 전체가 거대한 공장이며, 인간은 흘러가 버리는 하나의 부속이나 제품화되고 있다고 해도 억지는 아닐 것이다.

그런데 이 위대한 '흐름작업'을 발명한 것은 다시 말할 것도 없이 헨리 포드다. 그는 현대의 신화 속 인물처럼 되어 있다. 그가 위대한 '흐름작업'을 발명했다고 그가 위대한 것은 아니다. '흐름작업'은 그것이 마침내 생길 만한 시대적 여건이 성숙했기 때문에 생긴 것이다. 급격히 팽창해 가고 있던 미국의 산업은 대량 생산에 불가피했던 '흐름작업'을 요구하고 있었다. 그것은 포드가 아니라도 누군가는 발명해 냈을 것이다.

그렇다고 포드의 가치를 부정하려는 것은 아니다. 그에게는 보통 사람보다 뛰어난 적응 능력이 있었다. 그는 고도로 공업화되어 가는 사회의 흐름 위에 멋지게 올라탄 것이었다. 그러나 그의 적응 능력도 만능은 아니었다. 소위 거대기업(Big business)의 경영

면에 있어서는 아주 형편없이 무능력했다고 한다. 그의 경영방침은 그때그때 부딪치는 상황에 따라갔다고 한다. 결국은 수습할 길이 없는 혼란을 빚어낸 것도 이 때문이며, 그가 만년에 있어서 중반의 높은 명성과는 동떨어지게 매우 불우했던 것도 피치 못할 결말이었다고 한다.

'역사는 엉터리(History is bunk)', 이 말은 포드가 한 말인데, 이런 말을 하게 된 그의 심정은 그가 자부하고 있는 생산계의 기술적 성공에 대하여 사회의 비판이 비교적 냉담했기 때문이었다.

1919년, 시카고 트리뷴지에 포드 회사의 사회적 역할에 대한 비판적인 기사가 실렸다. 그 기사의 내용은, 어느 한 회사의 커다란 성공은 그 자체의 전적인 공이라기보다는 사회 발전의 배경 아래에서 떠받들려 이룩된다는 것이다. 그 비판의 각도는 시야를 넓혀 역사적 사회적 관점에 서 있었던 것이다.

'역사는 엉터리'라는 이 말은 포드의 불만이 깃들인 말로 알려져 있다.

포드의 역할을 높이 평가한 사람도 있다. 영국 작가인 헉슬리는 극도로 기술화된 시대를 풍자적으로 다룬 작품 〈눈부신 신세계〉에서 새로운 기술 시대의 기원 연대를 '포드 XX년'으로 표현하고 있다. 헉슬리의 표현이 과장이라고 할 수 없을 만큼 포드는 한 시대를 매듭지은 역할을 한 것만은 틀림없는 사실이다.

역사의 평가에 대해서 회의적인 입장을 가진 사람으로는 18세기 프랑스의 모럴리스트의 한 사람인 라 로슈푸코가 있다.

"역사는 진실의 한 부분에 불과하다."

그가 이렇게 말한 것은 인간의 인식 한계를 깨닫고 있었기 때문이다. 만약 맑은 신의 눈으로 역사를 살핀다면, 그 속에 벌어진 울긋불긋한 드라마는 웃어야 할 착오나 왜곡이 적지 않게 있을 것이다.

죽음의 키스

현대 미국의 정치가 알프레드 스미스는 프랭클린 루스벨트의 정치적 친구이며, 1944년 뉴욕 지사 선거에 출마하여 적수인 공화당 후보자 오그덴 밀스를 격파했다. 그때 선거 운동 당시의 일이다. 매스컴 횡포의 대명사처럼 알려진 하스트계 신문이 밀스를 지지했다.

알프레드 스미스는 어느 선거 연설에서,

"허스트계 신문이 밀스를 지지한 것은 죽음의 키스를 한 것이다."

라고 말했다.

즉, 악명 높은 허스트계 신문이 지지한다는 것은 도움이 되지 않고 오히려 해치는 결과가 될 것이라는 뜻인데, 아닌 게 아니라 결과는 공화당 측 밀스의 패배로 돌아갔다. 허스트의 응원은 밀스를 죽이는 역할을 했을 뿐이었다.

알프레드 스미스가 사용한 'death'란 말은 사신(死神)의 뜻으로, 일반적으로 서양의 사신은 동양의 그것보다는 공격적인 형태로 나타난다. 동양의 죽음의 신은 살며시 데려가는 것으로 인식되지만, 서양의 사신은 대개 소복 차림을 한 해골바가지이며, 커다란 낫을 들고 가까이 와서 벼를 베듯 싹둑 사람의 목을 베어 가는 것이다.

여기에는 죽음에 대한 격심한 공포와 생에 대한 열렬한 집착이 있다. 동양의 죽음이 되돌아가는 것으로, 조용한 체념 속에 수동적으로 받아들이는 것과는 매우 대조적이다.

네 개의 자유

미국의 32대 대통령 루스벨트(1882~1945)는 젊어서 정계에 입문했는데, 불행하게도 소아마비에 걸렸다. 그러나 기적적으로 다시 일어나 제1차 세계대전 후 미국을 엄습한 일대 경제 공황 속에서 대통령에 뽑혔다. 그는 대담하게 사회주의적인 요소를 가미한 뉴딜정책을 생각해 내어 파탄에 가까운 경제를 바로잡았다.

계속해서 제2차 세계대전이 일어나자, 미국의 여론을 통일하여 연합국 측에 가담케 하고, '민주주의 병기창'으로서 대량의 무기를 공급했다. 이윽고 일본의 진주만 기습에 의한 선전포고와 함께 자신도 참전하여 독일과 일본의 군주주의를 꺾는 데 압도적인 역할을 했다. 그는 승리를 눈앞에 두고 과로로 쓰러졌는데, 다시 말할 것도 없이 그는 현대사의 눈부신 주역이 있었다.

루스벨트는 여러 가지 점에서 정치가의 능력과 재질을 갖추고 있었다. 외모나 풍채부터가 의젓했고, 변론이 또한 능변이었다. 그러나 그의 웅변은 선동적이고 절규하는 히틀러식이 아니고, 차분히 설득하는 현대적 웅변이었다. 그 자신도 자기의 소질을 살리는 방법으로 연설했다. 그 당시 TV는 아직 없었고, 매스컴의 중요한 한쪽 날개는 라디오였는데, '노변담화(爐邊談話)'라는 타이틀로 그는 라디오를 통하여 대중과 접촉했다. 그는 타이틀 그대로 난롯

가에서 허물없는 이야기를 주고받듯 대중에게 이야기했으며, 드디어 국민의 마음을 사로잡았던 것이다. '노변담화'의 그 구수한 이야기를 '백만 불의 목소리'라고 평한 신문도 있었다.

그의 정치적인 발언으로 유명한 구절은 '네 개의 자유'는 말이다. 이 말은 1941년 1월 6일 조회에서 한 연설인데, 독일과 이탈리아의 전체주의적 파시즘 국가들과 대립하는 자유세계의 기본적인 인간의 자유를 말한 것이었다. 구체적으로 말하면 '언론 표현의 자유', '신앙의 자유', '가난에서 벗어날 자유', '공포에서 벗어날 자유' 이 네 가지였다.

프랑스혁명이나 미국의 독립 당시에 내건 자유 민권의 원리를 되풀이해 표현한 데 지나지 않지만, 이같이 누구나 알 수 있는 기본적인 요점에서 전체주의와 대결할 것을 호소한 점이 그가 민중 정치가로서 유능했다는 것을 보여 주고 있다.

루스벨트는 처칠, 스탈린과 함께 20세기 전반을 주름잡던 지도자의 한 사람이다.

부록
동서 철학사 요약

고대

제1절. 고대 서양철학
　　만물의 근원을 탐구한 자연철학/ 위대한 철학자이자 수학자인 피타고라스/ 고대 그리스 철학의 전성기를 이끈 아테네의 철학/ 아테네를 벗어난 그리스 철학

제2절. 고대 동양철학
　　춘추전국시대, 다양한 사상이 등장하다/ 어진 사람이 되자, 유가/ 평화와 평등을 사랑한 묵가/ 자연으로 돌아가자, 도가/ 중국을 통일한 사상, 법가

중세

제1절. 중세 서양철학
　　스콜라 철학의 탄생/ 꽃을 피운 스콜라 철학/ 스콜라 철학의 쇠퇴

제2절. 중세 동양철학
　　훈고학, 옛것을 복원하라!/ 노장사상과 결합한 불교/ 다양한 사상의 집합체, 도교/ 유학에 대한 새로운 해석, 성리학/ 실천을 중요하게 생각한 양명학

근대

제1절. 근대 서양철학
　　경험한 것만 믿을 수 있다, 경험론/ 나는 생각한다. 그러므로 존재한다, 합리론/ 최대 다수의 최대 행복, 공리주의/ 실증주의와 실용주의/ 독자적인 철학을 완성한 독일의 관념론/ 역사는 정반합의 과정을 거쳐 발전한다

제2절. 근대 동양철학
　　사실에 근거하여 진리를 탐구한 고증학/ 실천적 학문으로써의 공양학/ 저항운동의 바탕이 된 인도 근대 철학/ 세상의 모든 것을 하나로 본 타고르

제1장

고대

서양철학은 기원전 600년경 그리스에서 비롯되었다. 서양 고대 철학은 이 시대로부터 기원후 5세기에서 6세기까지의 철학을 말하는데, 고대 철학은 대체로 3시기로 구분된다.

제1기/
소크라테스 이전의 철학으로서 기원전 6세기에서부터 5세기 중엽까지의 시기. 이 시기의 철학은 주로 자연에 관해 관심을 두고 있어서 자연철학이라고도 불린다.

제2기/
5세기 후반에서 4세기 후반까지의 시기로서 고대 철학의 최전성기였을 뿐만 아니라, 전 철학사에 걸쳐서 가장 주목받는 시기다.

제3기/
헬레니즘-로마 시대의 시기로서 아리스토텔레스가 죽은 이후부터 고대 철학이 끝나는 시기, 즉 플라톤이 설립하였던 아카데미아가 동로마의 유스티아누스 황제에 의해서 문을 닫게 된 시기까지 계속됐다.

동양 고대 철학은 아시아의 문화에 큰 영향을 준 중국의 철학이 중심이 된다. 중국의 고대 철학은 흔히 춘추전국시대 제자백가의 철학으로 요약할 수 있다. 이 시기에 등장한 주요 사상은 유가, 도가, 묵가, 법가 등이다.

제1절. 고대 서양철학

만물의 근원을 탐구한 자연철학

일반적으로 과학은 고대 그리스에서 시작되었다. 자연 현상을 자연적 원인으로 설명하고, 자연을 체계적이고 보편적인 방식으로 설명하는 전통이 고대 그리스로부터 시작되었기 때문이다. 이들의 학문은 자연을 대상으로 하는 동시에 철학 일부분이었기 때문에 '자연철학'이라고 불린다.

만물의 원리와 원인을 추구했던 최초의 자연학자들이 탄생한 곳은 이오니아 식민지의 밀레토스다. 이들은 전통적인 풍습에 사로잡히지 않고, 새로 닦은 생활 터전에서 오는 여유로 모든 편견에서 벗어나 자연에 대해 활기 있는 질문을 했다. 만물이 그것으로 이루어지고 최초로 그것에서 생성되고, 또 마침내 그것에서 소멸하는 것, 실체는 변하지 않고 모습만 변하는 것, 그런 근원이 무엇인지를 탐구했다.

이오니아학파에 속했던 탈레스와 아낙시만드로스, 그리고 아낙시메네스는 각각 그것을 '물' '무한한 것' '공기'라고 했다. 이들의 탐구 방식은 자연에 대한 최초의 과학적 설명이었다.

한편, 이오니아 지방에서 태어나 이탈리아 남부로 이민한 사상가들이 있다. 사모스섬에서 크로토네에 갔던 피타고라스와 콜로폰에서 남이탈리아의 엘레아로 갔던 크세노파네스가 바로 그런 사상가들이다.

이들은 영혼의 불멸을 믿고 하느님과의 하나 됨을 바라는 남이탈리아의 종교적 분위기 속에서 이오니아 사람들의 경험적 태도와는 달리 추상적이고 종교적인 자세를 취했다.

위대한 철학자이자 수학자인 피타고라스

피타고라스는 만물의 근원을 '수(數)'라고 하면서도 철학의 목적을 영혼의 정화에 두고 종교 교단을 만들었다. 그리고 크세노파네스는 그리스 대중이 신봉하는 의인적인 신화를 비판하면서도 전체로서 보고 듣고 생각하는 인격적인 유일신을 소개했다.

이탈리아학파라고 불리는 이들의 업적에 의해 그리스 철학은 감각에 의지해 알 수 있는 것과 정신에 따라 알 수 있는 것 2개의 세계로 구분된다. 엘레아 출신인 파르메니데스는 정신의 활동이 감각의 활동보다 더 훌륭하다는 것을 말하여 플라톤의 사상에 커다란 영향을 주었다.

한편, 헤라클레이토스는 실재는 움직이지 않고, 변하지 않는다고 보았던 파르메니데스에 맞서 '만물은 끊임없이 변화한다.'라고 주장했다. 그는 에페소 출신으로 이오니아의 흐름을 이어받았다.

그런데 파르메니데스가 존재가 생겨나고 없어지는 것을 인정하지 않는 데서 초기의 자연철학은 새로운 방향으로 접어든다. 바로 사물의 혼합과 분리라는 방향을 추구하며 다원론(多元論)이 등장한 것이다. 엠페도클레스의 '4개의 뿌리(흙, 물, 공기, 불)', 아낙사고라스의 '씨앗', 그리고 데모크리토스의 '원자(原子)' 설이 이에 바탕을 두었다.

이들에게도 이탈리아와 이오니아 흐름의 특질이 드러난다. 엠페도클레스는 시칠리아 출신으로 이탈리아의 정열로써 혼의 정화를 외쳤다. 그리고 아낙사고라스는 클라조메나이 출신으로 이오니아의 과학 정신을 이어받아 태양은 신이 아니고 불붙은 돌덩이라고 외쳐 화를 입었다. 데모크리토스는 아브데라 출신으로 이오니아의 흐름을 따라 기하학적으로 분할할 수 있으나, 물질적으로 더 나눌 수 없는 원자에 대해 말했다.

고대 그리스 철학의 전성기를 이끈 아테네의 철학

페르시아 전쟁 이후, 아테네는 정치적으로나 경제적으로도 급속한 발전을 하여 봉건적 귀족제도가 무너지고 민주제도가 형성됐다. 그리고 페리클레스의 문화정책으로 학자들이 각지에서 아테네로 모여들어 젊은이들에게 삶의 교양을 가르쳤다. 바로 이들이 궤변론자라고 일컫는 소피스트들이다. 그들의 대표적 인물은 아브데라 출신인 프로타고라스, 레온티노이 출신인 고르기아스, 엘리스 출신인 히피아스, 케오스 출신인 프로디코스 등이다.

이들은 넓은 분야에 걸쳐 스스로 지자(知者)라고 말했으나, 진리를 구하기보다는 진리에서 생기는 이득을 얻는 데 더 관심을 가졌기 때문에, 플라톤은 그들을 '정신 양육의 무역 상인이나 소매업자'라고 비난했다. 그들은 진리의 상대성을 주장하여, 사람은 판단하는 기준에 따라, 또 장소와 시간에 따라 같은 것도 다르게 판단한다고 주장했다.

따라서 인간에게는 보편적인 참과 거짓, 선과 악이 없다고 보았다. 프로타고라스에 의하면 '인간은 만물의 척도'이고, 각자의 감각으로 파악된 세계가 곧 그에게는 참된 세계이며, 각자가 참이라고 생각하는 것이 그대로 참이라는 것이다. 이런 진리의 상대론을 펴나가면 인간에게는 보편적인 진리가 없게 된다.

그런 상황에서 보편적인 진리를 주장한 사람이 소크라테스다. 그는 소피스트의 주장이 참인지 아닌지를 검토하기 위해 물음과 답에 의한 대화방식을 만들어냈다. 이 방식으로 그는 서로의 의견을 교환하여 수정을 통해서 하나의 진리에 도달하게 했다.

또한 소크라테스는 지식과 행위의 일치를 주장했다. 해야 할 것을 알면서 그 반대의 행위를 하는 자는 지자일 수 없다고 보았다. 그가 억울한 죽음을 받아들인 것도 앎과 행동을 일치시키고자 한 세계관에서 나온 것이다.

플라톤은 그의 스승 소크라테스의 최후를 보고 자기 삶을 스승이 못다 한 일을 완수하는 데 바치기로 결심했다. 소크라테스가 추구했던 보편적이란 인간의 감각에서 얻어지는 것이 아니고, 피타고라스 학파가 사물을 '수의 모방'이라고 했던 것처럼, 감각적인 것은 그 본질과 떨어져 있는 것이라고 보았다. 그래서 사람이 정신적인 눈을 떠서 볼 수 있는 것만이 참된 존재라고 보고, 그는 이것을 '이데아(idea)'라고 했다.

아리스토텔레스는 플라톤에게 20년간 철학을 배웠는데, 나중에 독자적인 체계를 세웠다. 그는 이오니아의 흐름을 받아 경험의 세계를 중요시하였을 뿐만 아니라, 그것을 그의 철학의 출발점으로 삼았다.

'이데아'에 대하여 그는 같은 종류의 여러 사물 속에는 하나의 공통 개념(이데아)이 있는 것은 사실이지만, 그 공통 개념을 사물에서 독립시킬 수는 없다고 생각했다. 아리스토텔레스는 사물을 떠난 본질이 있을 수 없기에 '이데아(형상)'와 감각적 재질(質料)의 결합을 강조하여 '질료·형상설'을 내세웠다.

당시 플라톤은 인간은 모름지기 이상적인 이데아의 세계를 갈망하여 감각의 세계를 떠나 위로 향하여 올라가는 충동, 즉 에로스(eros, 사랑)를 목표로 한다고 주장했다. 이에 대해 아리스토텔레스는 인간의 행복을 이성에 의한 영혼의 활동으로 규정하고, 위로 향하여 올라가는 사랑이 아닌 시민이 서로 협조하는 필리아(philia, 우정)를 강조했다.

아테네를 벗어난 그리스 철학

마케도니아의 왕 알렉산드로스의 출현은 그리스 철학에 커다란 변화를 가져왔다. 알렉산드로스가 건립한 대제국 밑에서 예전의 도시국가(폴리스) 중심의 정치철학이나 도덕철학은 그 의미를 잃었다. 대신 세계국가(코스모폴리스)의 성격을 띠면서 국가의 문제보다는 개인의 삶에 관심이 집중됐다.

또한 로마의 카이사르가 세계 통일을 이룬 후, 그리스 철학은 아테네에서 로마와 알렉산드리아로 옮아갔다. 국운이 다한 그리스인들은 이론적 추구의 여유가 없어지자 옛 철학 이론을 현실에 적응시키는 실천철학에 관심을 두었다.

BC 3세기에 아테네에서는 키프로스 출신인 제논이 만든 스토아학파와 에피쿠로스가 그의 정원에서 가르친 에피쿠로스학파가 대립했다. 스토아학파는 헤라클레이토스의 철학과 '무욕의 생활'을 이상으로 했던 키니코스학파의 흐름을 이어받았고, 에피쿠로스학파는 데모크리토스의 철학과 '쾌락이 선이다'라는 키레네학파의 흐름을 이어받았다.

이 두 학파는 모두 인간의 목적이 행복에 있고, 인생은 자연에 따르는 생활에서 행복을 얻을 수 있다고 믿었다. 그런데 스토아학파는 그 행복이 스스로 만족하는 생활에 있다고 보는 데 반하여, 에피쿠로스학파는 쾌락에 있다고 보고 대립했다. 그러나 스토아학파의 '무감동(apatheia)'이나 에피쿠로스학파의 '혼의 평안(ataraxia)'은 다 같이 인간의 정욕으로부터의 해방을 뜻한다는 점에서 비슷한 입장이라 할 수 있다.

한편, 엘리스 출신인 피로가 체계화한 회의론은, 원래 인간이란 사물의 참된 본질을 알 수 없으므로 헛된 판단을 중지하는 것이 좋다는 '판단중지'를 내세웠다. 그리고 '판단중지'로 영혼의 평안을 얻는 것이 참된 행복이라고 주장했다.

스토아학파는 로마에 가서 네로 황제의 교사였던 세네카, 노예였던 에픽테토스, 로마의 황제 마르쿠스 아우렐리우스 등의 학자들로 이어졌다. 에피쿠로스학파는 하드리아누스 황제의 어머니 플로티나 같은 신봉자를 로마에서 얻었다.

동쪽 알렉산드리아로 뻗어나간 그리스 철학은 동방의 헤브라이 종교와 접촉하여 이른바 '구제(救濟)의 철학'으로 나타났다. 알렉산드리아의 유대인 필론은 플라톤 철학과 헤브라이 종교의 결합을 꾀했다. 그리고 인간은 하나님 속에 머무는 행복을 위하여 자기의식에서의 탈출(황홀)을 목표로 삼아야 한다고 주장했다. 필론은 이를 바탕으로 세계와 하나님과의 중간자로서 '로고스 신학'을 만들어냈다.

신플라톤주의자라고 일컫는 플로티노스는 알렉산드리아에서 교육받은 이집트인으로 후에 로마에 가서 철학을 가르친 사람이었다. 그는 플라톤에 따라 최고의 것은 존재를 초월하는 일자(一者)라고 보았다. 태양에서 광선이 비추어 나오듯, 이 일자에서 예지(nous)가 유출되고, 이 예지의 아랫부분에서 영혼이 흘러나오고, 영혼 다음에 감각계가 뒤따라 유출된다는 것이었다.

이렇게 그는 완전한 것에서 불완전한 것으로 내려오는 길을 보여주었는데, 인간은 기도와 주술의 작용에 의해 반대 방향으로 향할 수 있어 하느님과의 합일(合一)을 가장 이상적인 것으로 생각했다.

이렇게 여러 방면으로 가지를 뻗던 그리스 철학은 로마의 콘

스탄티누스 황제 시대에 접어들면서 서서히 끝을 맺는다. 콘스
탄티누스 황제가 313년에 그리스도교 보호를 선포하고, 유스티
니아누스 황제가 플라톤의 학원을 폐쇄하자 고대의 그리스 철
학은 그리스도교로 이어지게 된다.

제2절. 고대 동양철학

춘추전국시대, 다양한 사상이 등장하다

중국의 춘추전국시대는 동양철학의 뼈대를 이루는 여러 가지 사상이 등장한 시대다. 여러 나라로 나뉘어 있다 보니 나라를 잘 다스려 천하를 통일하기 위한 다양한 사상들이 등장할 수밖에 없었다. 그런데 이런 사상들을 이해하기 위해서는 춘추전국시대의 상황에 대해 이해할 필요가 있다.

우선, 춘추 시대는 주나라가 도읍을 호경에서 낙읍으로 옮긴 기원전 770년부터 진나라의 대부, 한, 위, 조의 세 성씨가 진나라를 나누어 제후로 독립한 기원전 403년까지다. 그 후 진나라가 천하를 통일한 기원전 221년까지의 시기를 전국 시대라고 한다.

춘추전국시대는 몇 가지 특징이 있다.

첫째, 춘추전국시대에는 철기가 발명되어 농업혁명이 일어난 시기다. 이에 따라 농업생산량이 늘어나자 더불어 수공업과 상업까지 발달하게 된다. 그리고 군사 장비도 발달하게 된다. 이렇게 되자 국가의 목표는 경제를 발전시키고 강한 군대를 기르는 것이 된다. 그리고 이를 통해서 다른 나라를 침략하여 흡수하는 일이 벌어졌다.

둘째, 춘추전국시대는 사회 경제적 바탕의 변화로 인해 옛날의 사회 질서가 무너져 가는 사회 변동기였다. 신분 질서의 경우, 천자가 중심이 되어 그 밑으로 제후, 대부, 선비, 서민들이 위계질서를 이루었다. 이렇게 되자 제후와 대부가 자신들의 세력을 키우는 상황이 되었다. 그리고 힘을 키운 제후들은 왕실로부터 독립하여 자신들의 나라를 세우게 된다. 이렇게 등장한 수십 개의 도시국가가 춘추 시대에는 12제후국으로, 다시 전국 시대에는 7국으로, 마지막에 진(秦)나라에 의해 통일되는 과정을 밟게 된다.

셋째, 춘추전국시대는 여러 학파가 등장한 시기다. 주 왕실이 무너지면서 왕실 관학을 담당하던 관료들이 민간으로 분산되어 지식인 계층을 형성하고, 이 계층은 민간인 신분으로 학파의 출현을 주도하게 된다. 그리고 모든 나라가 패권 경쟁을 위해 정치 기구를 정비하고 있었다. 따라서 전문적 지식을 지닌 사람들이 필요하게 됐다. 그래서 다양한 학파가 등장하고 이들이 정치에 참여하게 된다. 이때 등장한 학파들이 유가, 도가, 묵가, 법가다.

어진 사람이 되자, 유가

유가 사상은 공자와 맹자가 중심이 되어 주장한 사상이다. 유가 사상은 인(仁)과 의(義)의 덕을 강조했다.

이들이 생각한 의란 '마땅히 해야 할 것'이었다. 우리는 사회에서 각기 자기가 맡은 일이 있는데 그것은 그 자체가 목적이며 도덕적으로 마땅히 해야만 옳은 일이다. 그런데 우리가 도덕을 떠난 다른 일에 뜻을 두고 그 일을 했다면 비록 자기가 하고 싶은 것을 했지만 행위는 결코 옳은 것이 못 된다고 본 것이다.

공자와 그 제자들은 이렇게 의를 떠난 행위를 이(利)를 위한 것이라 했다.

의(義)와 이(利)는 유가에서 서로 반대되는 개념이다. 공자는 "군자는 의리에 밝고 소인은 이익에 밝다."라고 했다. 유가는 이 말을 근거로 하여 의리와 이익을 철저하게 구분했다. 그리고 이 것이 유가의 도덕교육 가운데 가장 중요한 것이 됐다.

그런데 의는 형식적인 데 비해, 인은 구체적이다. 앞서 의는 마땅히 해야만 하는 것이라고 했다. 일종의 의무라고 볼 수 있는 것이다. 그런데 이 의무의 구체적 내용은 남을 사랑하는 것, 즉 인이다. 공자는 "인이란 남을 사랑하는 것이다."라고 말했다.

따라서 남을 정말로 사랑하는 사람은 사회에서 자기의 의무를 다할 수 있는 사람을 말한다. 그러므로 인이란 어느 특정한 덕목을 가리키는 것뿐만 아니라 모든 덕목을 포함할 때도 사용한다. 다시 말해 어진 사람이란 완전한 덕을 갖춘 인격자와 같은 의미로 쓰였다.

유가 사상은 공자 이래 많은 제자를 길러냈다. 그런데 공자이후로는 두 가지 계열로 나뉜다. 증자-자사-맹자로 이어지는 계열과 자하-순자로 이어지는 계열이다. 이들은 인간이 예법을 지키고 살아가는 것이 중요하다는 유가의 근본 원리는 인정했다. 그러나 인간의 본성이 착한지, 인간은 스스로 사회를 개척할 수 있는지, 패권 정치를 받아들일 수 있는지 등의 구체적인 부분에서 의견을 달리하면서 계열이 갈라지게 된 것이다.

평화와 평등을 사랑한 묵가

묵가는 묵자에 의해 비롯된 학파다. 묵가는 유가를 의식하고 그에 반대한 학파였다. 사실 묵가는 유가의 직접적인 영향 아래에서 성장했기 때문에 유가와 많은 공통점을 가지고 있다. 그러나공통점만큼이나 반대하는 측면이 강하기도 했다.

묵가는 혼란한 전국 시기를 극복하기 위해 규범의 중요성을 강조하고, 엘리트에 의한 백성의 통제를 받아들였다는 점에서 유가와 비슷하다. 그러나 묵가는 유가와 달리 실용성과 논리성에 바탕을 두고 규범 체계의 문제점을 지적한다.

묵가 집단은 검은 노동복을 입고 전쟁을 반대하고 예의를 갖추기 위해 낭비를 하는 것을 싫어했다. 이것은 묵가가 근로와 절약을 주장하는 하층민이나 공인들의 집단이었던 까닭도 있다. 묵가는 나중에 비주류로 물러났지만, 당시에는 가장 강력한 주류 학파였다.

당시 묵가는 유가를 예를 번잡하게 하여 귀족들에게 빌붙어 사는 무리로 봤다. 그래서인지 묵가는 서민들 처지에서 생각을 많이 했다. 묵자는 백성들이 3가지 고통을 받고 있다고 생각했다. 그는 "주린 자는 먹을 것이 없고, 추운 자는 입을 것이 없고, 일하는 자는 쉴 틈이 없다."라고 말했다.

묵자는 이러한 생각을 바탕으로 가리지 않고 모든 사람을 똑같이 두루 사랑하는 '겸애(兼愛)'의 사상과 모두에게 도움이 되자는 '교리(交利)' 사상을 내세운다. 그리고 이러한 이론을 바탕으로 반전과 평화를 부르짖으며 방어 전쟁에 참여하기도 했다. 그리고 인과 의는 모두를 사랑하자는 겸애 논리에 어긋난다고 생각하여 유가를 강하게 비판했다.

그런데 유가는 사회적 혼란기가 끝나고 토지 사유를 중심으로 하는 지주 관료 중심의 신분 사회가 정착되면서 자취를 감추게 된다. 위아래의 계층적 차별을 무시하는 평등주의 사상을 받아들일 수 없었기 때문이다. 특히 맹자는 이러한 겸애사상을 비

현실적이며 비인간적이라 비판했다.

자연으로 돌아가자, 도가

"사람은 땅을 본받고, 땅은 하늘을 본받고, 하늘은 도를 본받는다. 그리고 도는 자연을 본받는다."

도가를 창시한 노자가 한 말이다. 이 말에는 도가 사상의 근본이 담겨 있다. 바로 자연으로 돌아가는 것이다. 그런데 여기서 노자가 말하고 있는 자연은 문명과 반대되는 의미로 쓰이고 있지 않다. 노자가 말하는 자연은 하늘과 땅과 사람의 근원적인 질서를 의미하는 것이다.

이 때문에 노자의 사상은 다른 제자백가 사상들과 큰 차이를 보인다고 평가받고 있다. 제자백가 사상은 대체로 사회에 대한 적극적인 개입과 정책적 대응을 취하고 있지만 노자는 모든 인위적인 규제를 반대하기 때문이다.

노자는 인위적인 제도나 규제는 혼란은 바로잡을 방법이 되지 못하며 오히려 혼란과 불의를 더욱 부채질할 뿐이라고 생각했다. 그는 유가가 주장하는 도덕적 가치를 인위적인 것으로 보았다. 그에게는 오로지 자연만을 최고의 질서로 여겼다.

노자의 뒤를 이어 도가를 발전시킨 사람은 장자였다. 장자는

"우물 안 개구리에게는 바다를 이야기할 수 없다. 한곳에 매여 살기 때문이다."라고 말했다. 이 말은 장자의 사상을 가장 상징적으로 표현하고 있는 말이다. 여기서 우물 안 개구리는 당시의 제자백가들을 비유하는 말이다. 자신들만의 도적과 규칙에 빠져 주변을 살필 줄 모르는 제자백가들을 비꼰 것이다.

장자는 제자백가들과 달리 문제를 해결하는 방식을 개개인의 '자유와 해방'에 있다고 생각했다. 장자는 인간의 삶 위에는 그 어떤 가치도 군림할 수 없다고 주장했다. 따라서 장자의 사상을 '자유주의 철학'이라고 요약할 수 있다.

이러한 도가의 철학은 국가관에서 잘 드러나고 있다. 도가에서는 국가의 규모가 커질수록 인위적인 사회라고 말한다. 따라서 국가는 될 수 있으면 인간 생활에 필요한 만큼의 최소 단위인 것이 좋다고 말한다. 그리고 국가의 규제보다는 자연의 법칙이 더 커질 때 진정한 자유가 생긴다고 생각했다. 그러므로 국가가 만약 일반 백성의 삶에 지나치게 끼어든다면 백성들은 국가에 대하여 저항할 권리가 있다고 생각했다. 이러한 개념이 훗날 중국에서 일어났던 민란의 사상적인 근거가 됐다.

중국을 통일한 사상, 법가

법가(法家)는 춘추전국 시대를 통일한 사상이다. 이것은 법가가 다른 학파, 다른 사상에 비하여 그 사상의 현실 적합성이 검증된 학파란 사실을 말해주고 있다. 이렇듯 법가에 있어 가장 중요한 점은 법가의 현실성에 초점을 맞추는 일이라 할 수 있다. 법가가 달리 유가, 묵가, 도가는 다 같이 농업 위주의 질서를 이상적 모델로 여기고 있었다. 그래서 과거의 이상적인 시대로 돌아갈 것을 주장했다. 여기에 비교해 법가는 시대의 변화를 인정하고 새로운 대응 방식을 찾았다. 법가의 사상을 미래사관 또는 변화사관이라 하는 이유가 여기에 있다.

법가의 가장 큰 특징은 이처럼 변화를 인정하고, 변화된 현실을 받아들이는 현실성에 있다고 할 수 있다. 인의(仁義)의 정치는 변화된 현실에서는 적합하지 않은 사상이라는 것이다. 빠르게 변하는 현실 속에서 인의의 정치를 주장하는 것은 고삐 없이 사나운 말을 몰려는 것과 다름없다는 것이 법가의 생각이다.

그래서 법가는 변화하는 현실에 빠르게 대처하기 위해 강력한 법치가 필요하다고 생각했다. 이들은 법치를 통해 효율적으로 세금을 걷고, 부국강병을 이루며, 왕권을 강화할 수 있다고 생각했다. 그리고 실제로 진나라가 중국의 통일에 성공한 것도 이러한 법가 사상을 바탕으로 강력한 중앙집권 정책을 시행했기 때문이다.

법가 사상의 완성은 한비자에 의해 이루어진다. 그는 인간은 근본적으로 착하지 않다는 성악설을 바탕으로 법치주의를 완성했다. 그는 인간은 악하므로 엄하게 형벌로 다스려야 한다고 주장했다.

전국 시대의 대다수 군주는 이런 법가 사상이 현실에 맞다 생각하여 법가 사상을 바탕으로 강력한 통치를 시행했다. 군주들이 법가 사상을 환영한 이유는 유가는 너무 이상적인 생각만 하고 있고, 묵가는 너무 서민적이며, 도가는 국가의 질서를 인정하지 않았기 때문이다.

제자백가 시대의 나머지 학파들

1) 음양가 : 음양설을 신봉하던 학파다. 천체의 운행이나 사계절의 변화 등 자연 현상의 법칙을 설명하며, 인간 생활도 거기에 따라야 재해를 입지 않고 복을 얻을 수 있다고 주장한 학파다.
2) 명가 : 명분과 실리가 일치하지 않아서 세상이 혼란스럽다고 주장한 학파다.
3) 종횡가 : 남북으로 합류하고 동서로 연합한다는 뜻으로,

강적에 대항하기 위해서는 협력이 중요하다고 주장한 학파다.

4) 잡가 : 다른 학파의 학설을 자유롭게 채택하여 필요한 것만 뽑아 하나의 사상을 구성한 학파다

5) 농가 : 농업을 중시하고 농경에 힘써야 국가가 발전한다고 주장한 학파다.

제2장

중세

서양의 중세 철학은 그리스도교를 바탕으로 하며, 교부철학과 스콜라 철학으로 나뉜다. 교부철학은 중세 초기에 해당하며, 스콜라 철학은 중세 말기에 해당한다. 그러나 좀 더 범위를 좁혀 보면 스콜라 철학이 곧 서양의 중세 철학이라고 할 수 있다.

스콜라 철학은 본래 교회 부속학교 교사들이 세운 철학인데 9세기에서 15세기 중반에 이르며 흔히 초기·중기·후기로 나뉜다.

초기는 9세기에서 13세기 초로 대표적인 사람은 안셀무스다. 안셀무스는 "알기 위해 나는 믿는다."라고 말하며 신앙 내용을 지식에 의해 기초로 삼으려는 생각을 분명하게 했다.

중기는 13세기이며 토마스 아퀴나스가 대표적인 철학자다. 그는 아리스토텔레스의 철학을 교회의 정통적인 견해와 잘 융합시켜 큰 체계를 세웠다. 이때부터 신앙과 지식의 일치라는 확신이 다소 흔들리기 시작한다.

후기는 14세기에서 15세기 전반이며 스콜라 철학의 쇠퇴기다. 대표적인 철학자 오캄은 경험적인 지식을 중시하고 그리스도교의 교리는 결코 지식적으로 기초할 수 없다는 것을 인정했다.

동양의 중세 철학도 서양과 비슷한 점이 많다. 인도에서 발생한 불교가 중국에 들어오고 다시 동양 각국으로 퍼져나가 동양인들의 사상적 기반이 됐다. 또한 중국에서 민간신앙과 결합하여 발생한 도교도 한국과 일본 등으로 퍼져나가 서민들의 삶에 깊숙이 파고들었다.

반면 유교의 경우는 종교적인 색채보다는 좀 더 학문적인 색채를 많이 띠기 시작한다. 한나라 때는 유교 경전의 해석에 힘쓴 훈고학이, 송나라 때는 유교를 학문적으로 크게 발전시킨 성리학이, 명나라 때는 좀 더 실천적인 학문으로 발전한 양명학이 생겨난다.

제1절. 중세 서양철학

스콜라 철학의 탄생

스콜라 철학은 8세기 말에서 9세기 초, 카를 대제가 제국을 통치할 때 탄생했다고 볼 수 있다. 이때는 새로운 정치, 새로운 정신생활이 시작된 시기다. 또한 제국의 여러 학교에서 수도자들이 활약하기도 했다. 아직은 철학적으로 위대한 업적이 드러났을 때는 아니지만 이때를 시작으로 스콜라 철학이 그 바탕을 다졌다고 볼 수 있다.

그렇지만 본격적으로 스콜라 철학이 싹을 틔운 것은 한참 더 흘러 11세기 초에 안셀무스가 등장하고부터다.

안셀무스는 아우구스티누스에게서 큰 영향을 받은 사람이다. 안셀무스가 신앙은 지성을 요구한다고 주장한 것도 아우구스티누스의 정신에서 비롯된 것이다. 그렇지만 이러한 합리성과 신앙에 관한 지식은 신앙의 비밀을 들추는 것이 아니라, 신앙을 논리적으로 구성하기 위함이었다.

안셀무스는 지식을 통해 신이 존재한다는 것을 증명하려고 했다. 그리고 그는 다음과 같이 신의 존재를 증명했다.

하나님은 완전한 분이다(대전제).
완전하다는 것은 존재성을 의미한다(소전제).
그러므로 하나님은 존재한다(결론).

즉, 완전한 것 또는 최고의 것은 우리의 생각 속에 있는 것이고 우리의 생각 속에 있다면 당연히 현실에도 존재한다는 것이다.

이것에 대해 수도사 가우닐로는 반대 의견을 내놓는다. 그는 존재하지 않는 섬에 대해 생각한다고 해서 그 섬이 존재하는 것은 아니라고 말했다. 또한 많은 양의 돈을 생각한다고 해서 그것이 내 돈이 되는 것도 아니라고 말했다.

그러나 안셀무스는 신에 대한 관념과 섬에 관한 생각은 비교가 될 수 없는 것이라고 반박했다. 왜냐하면 신은 필연적이며 영원한 존재이고 섬은 한정된 존재이기 때문이다. 즉, 완전한 존재와 불완전한 존재를 비교할 수는 없다는 것이다.

그래서 안셀무스는 '알기 위해서 믿어라!'라고 주장했다. 신을 믿는 행위를 통해서 우리는 진리에 접근할 수 있다는 것이다. 캔터베리의 대주교인 안셀무스는 이러한 주장을 통해 그리스도교는 이해할 수 있는 신앙임을 강조했다.

안셀무스의 뒤를 이은 사람은 아벨라르다. 아벨라르는 보편에 대한 문제 때문에 유명해진 철학자다. 보편의 문제는 신학에서 꼭 해결해야 할 문제였다. 신성이나 인간성의 개념은 분명하고 보편적으로 통해야만 사람들을 잘 이해시킬 수 있고 신학이 발전할 수 있었기 때문이다.

당시 보편의 문제에 대해 크게 실념론과 유명론이라는 서로 다른 의견이 있었다. 실념론이란 보편적인 것이 개별적인 것보다 먼저 존재한다는 이론이고, 유명론이란 보편적인 것은 존재하지 않고 오로지 개별적인 것만이 존재한다는 이론이다.

실념론의 대표자는 빌헬름이었는데 아벨라르는 유명론의 입장에서 빌헬름의 주장에 반박하여 논쟁에서 이긴다. 그런데 보편적인 것을 거부하는 것은 당시로는 상당히 혁명적인 것이었다. 그래서인지 그의 이론은 종교회의에서 거부당했고, 나중에는 이단으로 배척당하기도 했다.

아벨라르가 교단의 버림을 받고 사람들의 관심을 끌었던 이유는 그의 사상 때문이기도 그의 제자였던 엘로이즈와의 연애 때문이기도 했다. 아벨라르는 수도자이면서도 훗날 수녀가 된 엘로이즈와 계속 연애 감정을 주고받아 사회적인 문제가 됐다.

그러나 아벨라르는 제자가 많았다. 그리고 스콜라 철학에 미친 영향도 매우 컸다. 뒤에 교황 알렉산더 3세와 첼레스틴 2세,

요한네스, 페트루스 롬바르두스 그리고 교회 법학의 아버지인 그라티아누스도 그의 영향을 크게 받았다. 특히 그가 만들어낸 '그러면서도 그렇지 않음'이라는 변증법적 방법론은 스콜라 철학에 많은 영향을 주었다.

꽃을 피운 스콜라 철학

초기 스콜라 철학은 전체적으로 아우구스티누스와 플라톤의 사상을 바탕으로 체계화하고 제도화하는 경향이 있었다. 그리고 이어서 지금까지 알려지지 않았던 아리스토텔레스의 주요 저작들이 라틴어로 번역되면서 전통적 체계에 대항하는 스콜라 철학의 전성기가 시작된다.

아리스토텔레스 저술 번역은 그리스어본을 옮긴 것이 아니고 아랍어 번역을 또다시 번역한 것이었다. 따라서 그의 저술과 함께 아랍의 학자들이 해설을 달아 놓은 책들도 들어왔다. 가장 중요한 해설가로는 페르시아 출신의 11세기 철학자 이븐 시나, 스페인 출신의 12세기 철학자 아베로에스, 12세기 정통 유대인 철학자 모제스 마이모니데스를 들 수 있다.

새로 등장한 아리스토텔레스주의의 도전을 받아들인 중세 최초의 신학자는 13세기 도미니쿠스 수도회의 수사 알베르투스마그누스였다. 그는 단지 책상에서 책만 보고 공부한 학자가 아니라 직접 자연을 관찰하고 실험했다. 그는 "구체적 사물에 관한 철학은 있을 수 없다."라든가 "그런 문제에서는 경험만이 확실성을 준다."와 같은 완전히 새로운 원리를 내세웠다.

알베르투스가 생각한 이성은 형식상으로 올바르게 사고하는 능력일 뿐 아니라 실재를 파악하는 능력이기도 했다. 이리하여 "신앙과 이성의 결합"이라는 보에티우스의 원리는 신앙을 인간과 우주에 관한 늘어나는 자연적 지식과 끊임없이 통합해야 하는 어려운 과제를 떠안게 됐다.

그런데 이 새롭고 다양한 문제들을 하나의 요소로 통합하려고 한 사람이 바로 알베르투스의 제자 토마스 아퀴나스였다. 아퀴나스는 평생을 성서와 아리스토텔레스를 결합하는 방법을 연구하는 것에 바쳤다. 아퀴나스에게 아리스토텔레스란 인간의 신체와 인식능력을 포함하여 자연적 실재 전체를 긍정하는 특수한 세계관을 뜻했다.

아퀴나스의 가장 큰 업적은 《신학대전》을 쓴 것이다. 이 책은 다섯 가지 방법으로 신의 존재를 증명한 것으로 유명하다. 그는 신의 존재를 '5가지의 도(道)'라고 불리는 자연 경험에 근거하여 증명했다.

1. 부동의 원동자

그 어느 것도 선행 원동자 없이는 움직이지 않는다. 이것은 회귀로 이어지며, 회귀로부터의 유일한 탈출구는 신이다. 무언가가 최초의 움직임을 일으켜야 하며, 우리는 그 무언가를 신이라 부른다.

2. 원인 없는 원인

자체가 원인인 것은 없다. 모든 결과에는 그보다 앞선 원인이 있으며, 여기서도 우리는 회귀의 압박을 받는다. 그 것은 최초의 원인을 통해 종식되어야 하며, 우리는 그것을 신이라고 부른다.

3. 우주론적 논증

그 어떤 물체도 존재하지 않던 때가 있었다는 것은 분명하다. 하지만 지금은 물체들이 존재하므로 그것들을 출현시킨 비물리적인 무언가가 있었던 것이 분명하며, 우리는 그 것을 신이라고 부른다.

4. 정도 논증

우리는 사물들이 서로 다르다는 것을 안다. 말하자면 선이나 완벽성 같은 것에 정도의 차이가 있다. 하지만 우리

는 최댓값과 비교해야만 그 정도를 판단할 수 있다. 인간
은 선하면서도 악할 수 있으므로, 최대 선은 우리 안에 있
을 수가 없다. 따라서 완벽성의 기준이 될 다른 어떤 최댓
값이 있어야 하며, 우리는 그 최댓값을 신이라고 한다.

5. 목적론적 논증 또는 설계 논증

세계의 사물들, 특히 살아 있는 것들은 마치 설계된 듯이
보인다. 우리가 아는 것 중에 설계되지 않았으면서 설계된
듯이 보이는 것은 전혀 없다. 따라서 설계자가 있는 것이
분명하며, 우리는 그를 신이라고 부른다.

이와 같은 아퀴나스의 주장은 로마 가톨릭 회의 공식적인 철
학이 됐다. 그리고 이런 업적 때문에 1328년에는 성인으로 선포
되었으며 1567년에는 교회 박사로 선언됐다.

스콜라 철학의 쇠퇴

일반적으로 후기 스콜라 철학은 매우 부정적으로 평가되고 있
다. 14세기에서 15세기에는 별다른 창조적인 업적이 없기 때문
이다. 그러나 이 시기에도 눈여겨보아야 할 학자가 있다. 바로

윌리엄 오컴이다.

14세기 후반부에 들어서면 스콜라 철학에서 신앙과 이성의 결합이 부정된다. 이러한 생각을 가진 인물 중 대표적인 인물이 오컴이다. 오컴은 '이중진리설'을 통해 그것을 밝힌다. 오컴에 의하면, 개별 사실들만이 '실재적'이고 그것들의 정합성은 실재하지 않는다. 이 단순한 사실은 계산하거나 연역할 수 없고 오직 경험할 수 있을 뿐이다. 오컴은 이성이란 구체적 실재를 만날 수 있는 능력에 불과하다고 주장한 것이다. 오컴의 주장 안에서는 신앙과 지식은 완전히 다르고 둘의 결합은 가능하지도 바람직하지도 않다. 이로써 1,000년 이상 노력해온 이성과 신앙의 결합은 무너져버리고 중세 스콜라 철학은 해체되기에 이르렀다.

그러나 중세 스콜라 철학은 완전히 사라지지 않고 뒷날에도 적지 않은 영향을 끼쳤다. 우선 데카르트, 로크, 스피노자, 라이프니츠 등 근세 고전 철학자들이 스콜라 철학의 영향을 받았다. 나아가 스콜라 사상으로 되돌아가려는 두 가지 주요 운동이 있었다. 하나는 르네상스 스콜라 철학(바로크 스콜라 철학)이고 또 하나는 19세기와 20세기의 신스콜라 철학으로, 둘 다 주로 아퀴나스의 저작에 관심을 가졌다.

르네상스 스콜라 철학은 16세기 종교개혁에 자극받아 생겨난 것으로 대표자는 톰마소 데 비오(또는 카예타누스), 프란시스코

데 비토리아, 프란시스코 수아레스 등이었다. 이들은 반 종교개혁법에 깊이 관여하는 동시에 자기 시대의 문제, 즉 국제법, 식민주의, 부당한 정부에 대한 저항, 세계 공동체 등의 문제에 관심을 가졌다.

그러나 르네상스 스콜라 철학은 계몽주의 철학과 독일 관념론으로 인해 사라졌고 이에 대응해서 19세기에 신스콜라 철학이 발생했다. 주요 대표자는 독일의 예수회 회원 요제프 클로이트겐으로 "토마스에 따른 그리스도교 철학의 부흥"을 내세웠다. 그 결과 연구소와 대학 등지에서 스콜라 철학 연구가 활발했으나 제2차 세계대전 이후 실존주의와 마르크스주의의 영향으로 쇠퇴해갔다.

오컴의 면도날(Ockham's Razor)

오컴은 스콜라 철학에서보다 '오컴의 면도날'이라는 이론으로 더 유명한 신학자이자 철학자다. 오컴의 면도날은 오늘날 '경제성의 원리'라고 불리기도 한다.

오컴의 면도날 이론은 "보다 적은 수의 논리로 설명이 가능한 경우 많은 수의 논리를 세우지 말라."는 것이다. 즉 어떤 사물이나 현상을 설명할 때 불필요한 가정을 하지 말라는 것이다. 예를 들어 같은 현상을 설명할 때 여러 가지 주장들이 있다면 가장 간단한 쪽을 선택하라는 뜻이다.

즉, 오컴의 면도날 이론에서 '면도날'이라는 표현은 필요하지 않은 가설을 잘라내 버리라는 뜻으로 볼 수 있다. 이 이론은 현대에도 과학 이론을 구성하는 기본적 지침으로 지지받고 있다.

우리의 일상에서 오컴의 면도날 이론에 관한 예를 들어보자. A는 빵을 먹다 배가 불러서 나중에 먹으려고 남은 것을 냉장고에 보관한다. 그런데 한참을 지나도록 잊고 있다가 어느 날 냉장고를 열어본다. 그런데 빵에 곰팡이가 펴서 먹을 수가 없다. 그런데 사실은 A의 동생이 남은 빵을 먹고 A에게 혼날까 봐 곰팡이가 핀 빵을 대신 넣어 놓았던 거다. 그런데 이런 사실을 모르는 A는 곰팡이가 핀 빵을 보고 동생이 곰팡이 핀 빵을 바꿔치기한 것이 아니라 너무 오랫동안 냉장고에 빵을 넣어둬서 곰팡이가 피었다고 생각하는 것이 옳다. 이렇게 생각하는 것이 더 단순하게 설명할 수 있기 때문이다.

따라서 오컴의 면도날 이론은 여러 가지 가설 중에서 가장 단순한 가설을 선택했다고 해서 반드시 그 가설이 옳다는 것을 의미하는 것은 아니다. 특히 인문학 같은 분야에 오컴의 면도날 이론을 적용하는 것은 부적절하다. 인문학은 다양한 변수가 많이 존재하기 때문에 어느 하나가 옳다고 결론 내려서는 안 되기 때문이다.

제2절. 중세 동양철학

훈고학, 옛것을 복원하라!

춘추전국시대는 여러 사상이 등장하여 중국 철학의 바탕을 닦았던 시기다. 그런데 진이 중국을 통일하면서 문제가 생기기 시작한다. 중국을 통일한 진의 시황제는 자신이 받아들인 법가를 제외하고는 다른 사상을 가진 사람들을 산 채로 묻어버리거나 죽였다. 그리고 다른 사상을 담은 책을 모두 불태워버린다. 자신의 정치에 불만은 가진 사람들이 많았기 때문에 권력을 집중시키려고 그런 것이다.

이렇게 학자들을 산 채로 묻고 책을 불태운 사건을 분서갱유라고 한다. 이때 가장 큰 피해를 본 학파는 유학이다. 유학을 공부하던 사람과 유학과 관련된 책은 무엇 하나 남은 것이 없었다.

그런데 진나라는 그리 오래 가지 않았다. 약 30년 밖에 가지 못하고 한나라가 뒤를 이어받는다. 한나라는 나라를 통치할 사상으로 유학을 선택했다. 위아래의 관계를 중요시하는 충효 사상 같은 도덕규범이 필요하다고 생각했기 때문이다. 그런데 진나라 때 유학과 관련된 것들이 거의 사라져버렸기 때문에 이것을 복원할 필요가 있었다. 그래서 탄생한 것이 바로 훈고학이다. 훈고학은 진나라 때 없어진 책들을 복원하고 유학의 고전을 재해석하는 데 힘을 쏟았다.

이렇게 탄생한 훈고학은 삼국 시대, 육조 시대를 거쳐 당나라까지 이어진다. 그리고 당나라의 공영달이 《오경정의》를 편찬함으로써 꽃을 피운다. 《오경정의》는 태종의 명령으로 공영달이 편찬한 유교 경전의 해석서다. 여기서 오경이란 《시경》, 《서경》, 《주역》, 《예기》, 《춘추》를 말한다. 공영달은 이 책을 통해 그동안 여러 갈래로 나뉘어 있던 해석을 통일시킨다.

그러나 해석을 통일한 것은 장점이자 단점으로 작용한다. 한 가지로 통일시키다 보니 유교 경전에 대한 해석에 더 이상 발전이 없었다. 사상이라는 것은 다양한 의견이 부딪치고 결합하면서 발전해 나가는 것인데, 《오경정의》는 이러한 과정을 차단해버린 것이다.

훈고학은 송나라, 원나라, 명나라를 거치며 성리학과 양명학에 밀려 쇠퇴했다. 그러나 청나라 때에 이르러 고증학이 발생하면서 다시 조명을 받는다.

노장사상과 결합한 불교

불교는 후한 초에 중국에 전해지고, 후한 말 환제의 대에 이르러 조정에 모셔졌다고 이야기되고 있다. 그렇지만 불교에 대해 이해하기 시작한 것은 위·진 시대부터일 것이다. 불교에 대해 본격적인 이해를 시도한 사람은 위나라 말기의 주사행이다. 주사행은 특히 불교 경전의 연구에 힘썼다. 그는 경전을 연구하기 위해 서역까지 갔다 오기도 한다.

이처럼 불교가 처음으로 중국에 들어오고 위나라 말기에 이르기까지 약 300여 년 동안은 주로 불교 경전을 번역하는 데 힘을 쏟는다. 특히 반야경에 관심을 많이 가지는데 반야의 교리와 노장의 사상이 비슷한 점이 있었기 때문이다.

반야사상의 핵심은 '공(空)'이다. 그런데 이를 해석할 때 노장의 '무(無)'와 비슷한 것으로 해석했다. 즉, 당시로서는 낯설었던 불교의 교리를 노장사상 빌려 해석한 것이다.

그런데 이것은 같은 개념이 아니다. 노장사상에서 말하는 '무(無)'는 실체가 없음을 의미하는 것인데, 반야사상에서 '공(空)'은 실체는 있으나 끊임없이 변화한다는 의미였다. 그런데 초기의 불교학자는 이런 구분을 하지 않고 바로 노장으로써 불교를 설명한 것이다. 그러나 시간이 흘러 구마라습이 대승불교를 전해주면서 점차 올바른 구분을 하게 된다.

구마라습 이후로는 반대로 불교학자가 노장사상의 책을 쓰는 경우가 많아졌다. 이것은 노장사상의 시대가 가고 불교의 전성 시대가 왔다는 것을 의미한다.

실제로 불교는 수나라와 당나라 시대를 거치면서 큰 발전을 이룩한다. 이 시기에는 삼론종, 천태종, 법상종, 화엄종, 선종 등 다양한 형태의 불교가 생겨나 사람들에게 불교의 교리를 전파 하게 된다. 이 중에서도 수나라 때는 천태종이 당나라 때는 화 엄종이 가장 대중적인 불교 종파로써 자리 잡게 된다.

그런데 당나라 말기에 이르면 유학의 거센 도전에 불교는 자 리를 내주게 된다. 그리고 이후부터 현재까지는 선종만이 그 명 맥을 유지하며 내려오게 된다.

다양한 사상의 집합체, 도교

후한 말에 천하를 시끄럽게 한 황건적의 난이 일어난다. 장각이 일으킨 반란인데 그 규모가 상당히 컸다. 이 난은 얼마 안 있어 조조에 의해 평정이 된다. 그리고 뒤를 이어 장수와 장로 역시 반란을 일으킨다. 이 중에서 장각과 장수가 일으킨 반란은《태 평청령서》라는 책에 의존하여 일으킨 일종의 종교운동이었다.

장각의 경우 이를 바탕으로 태평도를 만들었고 장수는 오두미도를 만들어 반란을 일으켰기 때문이다. 그런데 바로 이들이 만든 종교를 도교의 기원으로 볼 수 있다.

이들 외에도 후한 말에 좌자, 갈현, 정은, 갈홍 등이 하나의 일파를 이루게 된다. 특히 갈홍은 《포박자》라는 책을 지은 사람으로 유명하다. 이들의 경우 장각 일파와는 다른 모습을 보인다. 이들은 건강하게 오래 사는 것에 목적을 두고 단약을 만드는 일에 몰두한다. 반면 장각 일파는 부적과 주문에 집중한다.

도교는 수련을 통해 인간이 늙지 않고 오래 살 수 있다고 주장하여 대중적으로 큰 인기를 끌게 된다. 이렇게 사람들에게 인기가 있자 남북조시대에 들어와서는 도교를 국가 종교로 인정하기 시작한다. 특히 구겸지는 도교의 교리와 조직을 가다듬어 민간종교에 지나지 않았던 도교를 불교와 겨룰 수 있도록 했다.

당나라에 오면 도교는 불교와 더불어 널리 받아들여지게 된다. 노자의 《도덕경》은 과거시험의 과목으로 포함되기도 한다.

이를 종합해보면, 도교는 장각과 장수의 민간신앙에서 출발하여 갈현의 신선양생술을 받아들이고 위진남북조에 이르러서는 노장 철학을 흡수하고, 마지막으로 불교의 교리를 접목해 만들어진 종교라고 할 수 있다. 이렇게 다양한 사상이 녹아 들어가 완성됐다는 점이 도교의 특색이라고 볼 수 있다.

도교는 중국 특유의 민족종교로서 계급이 높은 사람들에 의해 주로 받아들여졌던 유교나 불교와는 다른 역할을 했다. 사실 도교는 유교나 불교의 교리에 비해 논리적이지 못한 교리를 갖고 있다. 그러나 바로 그런 점 때문에 서민들에게 널리 받아들여졌고 중국뿐만 아니라 동양 각국의 정신생활과 문화생활에 큰 영향력을 행사하게 된 것이다.

유학에 대한 새로운 해석, 성리학

원시적인 종교의 형태로 출발하여 중국 사상의 핵심이 된 유학은 송나라 때에 와서 꽃을 피운다. 훈고학으로 인해 경전에 대한 해석이 일률적으로 행해지던 것이 10세기 말에 들어서면 새로운 형태의 해석이 등장하기 시작한다.

송나라 때의 유학은 춘추전국 시대의 유학보다는 더 철학화되고 더 체계화되었다. 훈고학이 유학의 경전에 대한 주석 작업을 주로 했다면, 신유학은 심성론, 우주론, 공부론 등 여러 측면에서 철학적인 체계화를 이룩했다. 이렇듯 춘추전국 시대의 유학을 기본 바탕으로 하여 불교와 도교의 여러 특징들을 복합해서 새롭게 빚어냈기 때문에 송대의 유학을 신유학이라고 부른다.

신유학이 발생한 이유는 크게 두 가지로 볼 수 있다. 우선 당나라 때 고도로 발전한 불교 사상이 유학을 압도하는 현실에 대해 위기의식을 느꼈기 때문이다. 그리고 송 왕조가 안고 있는 현실적인 문제에 대한 대처의 필요성 등이 새로운 사상 즉, 신유학이 필요했다.

따라서 신유학은 불교를 외래적인 것 혹은 비중국적인 것으로 생각하고 비판한다. 반면에 유학에 대해서는 적극적으로 친밀감을 드러내며 시대적인 사상으로 발전시켰다.

신유학은 다른 말로 성리학이라고도 한다. 12세기에 남송의 주희가 '성즉리(性卽理)'를 주장하는데 이 말을 줄여 성리학이라고 하는 것이다. 성즉리는 '성(性)'은 모든 사물의 근원인 '이(理)'이며, 모든 사람에게 존재하는 보편적인 인간성이라는 말이다.

한편, 성리학은 송나라 때 새롭게 등장한 사대부들의 중심사상으로 받아들여진다. 새롭게 등장한 지배계층인 사대부는 그 새로움에 걸맞게 새로운 이념이 필요했기 때문이다. 사대부들은 모든 인간에게 보편적으로 존재하는 '성(性)'을 단순히 개인적인 것으로 해석하지 않았다. 이들은 '성(性)'이 실천적인 행동을 통하여 가족과 사회 및 국가로 확대될 수 있다고 생각했다. 그리고 이런 과정을 통하여 국가가 도덕에 의해 다스려질 수 있다고 확신했다.

그런데 성리학이 이렇게 통치 철학으로 받아들여지자 성리학에 대한 비판은 있을 수 없게 됐다. 성리학은 점점 더 극단적인 도덕주의로 흐르게 되고 인간이 본래 가지고 있는 욕구마저도 나쁜 것으로 생각하기 시작했다. 결국 성리학은 사회의 발전을 가로막고 사람들을 억압하는 이념이 돼 버린 것이다.

실천을 중요하게 생각한 양명학

성리학이 도덕적인 면을 너무 강조하여 이론에만 힘쓰고 실용적인 것에 관심을 두지 않자. 성리학을 넘어서는 새로운 유학의 갈래로써 등장한 것이 바로 양명학이다. 양명학은 이를 만든 왕수인의 호인 '양명'에서 유래한 이름이다.

왕수인은 명대에 가장 영향력이 컸던 철학자이며 명대 심학 (心學) 운동을 대표하는 인물이다. 왕수인이 살았던 때는 명나라 중기로 지배층의 가혹한 정치 때문에 농민들의 반란이 자주 일어났고, 한편으로 향주를 중심으로 상품경제가 발달하여 자본주의적 사고방식이 싹을 틔우던 시기다.

따라서 전통적 윤리와 질서는 경쟁과 이익을 다투는 자본주의적 생각과 농민 반란으로 인해 서서히 무너져 내리게 되었다. 그래서 이런 사회 분위기에 맞는 새로운 사상이 필요해졌다. 이에 왕수인은 새로운 학설을 주장한다. 그는 '심즉리(心卽理)'설과 '치양지(致良知)'를 내세우고 이를 실천하는 방법으로 '지행합일(知行合一)'을 주장했다.

'심즉리'라는 말은 성리학의 '성즉리(性卽理)'에 대비시켜 양명학의 핵심을 표현한 말이다. 심즉리설은 육구연과 왕수인이 공동으로 주장한 이론인데, 심(心)을 천리(天理)와 똑같이 여긴다는 것이다. 이것은 인간의 순수한 마음이 곧 진리라는 뜻이다. 왕수인은 이런 생각을 바탕으로 '심(心)'과 '리(理)'가 따로 있다고 생각하는 것에 반대했다.

치양지는 왕수인이 주자가 해석한 '격물치지(格物致知)'의 의미를 다르게 해석한 것이다. 주자는 격물치지를 사물의 이치를 탐구하기 위해 힘쓰는 것이라고 해석했지만, 왕수인은 '치지(致知)'를 '양지(良知)'로 해석했다. 그리고 양지를 도덕적인 이성이자 감정으로 생각했다. 즉 양지는 태어날 때부터 누구나 지닌 것으로 우리 삶의 도덕적 나침반으로 본 것이다.

지행합일은 오늘날에도 자주 쓰이는 말이다. 바로 앎과 행동이 일치해야 한다는 뜻이다. 왕수인은 이에 대해 "알면서도 행하지 않는 사람은 없다. 알면서도 행하지 않는다면 이것은 아직 알지 못한 것이다.", "앎은 실행의 시작이고, 실행은 앎의 완성이다."라는 말을 했다. 이 말이 의미하는 것은 앎과 행동은 따로 떼어놓고 생각할 수 없다는 것이다. 이는 주자가 앎이 먼저이고 행동이 나중이라는 것과 다른 주장이다. 이처럼 지행합일이라

는 말은 양명학의 실천적 성격을 잘 나타내고 있다. 그리고 이
와 같은 생각은 훗날 실학을 탄생시키는 역할을 한다.

제3장

근대

서양의 근대 철학은 르네상스 및 종교개혁, 자연 과학의 발달과 더불어 확립된 인간 중심의 사고를 통해 발달했다. 중세까지는 철학이나 과학이 신학을 뒷받침하는 학문이었다. 그러나 근대에 들어서면서부터 종교적 계시나 전통과 권위가 아닌 인간 스스로 진리를 탐구하려고 시도하게 된다. 즉, 인식론이 철학의 주제로 자리 잡은 것이다. 인식론자들은 이성과 경험에 따라 진리와 사회 원리를 탐구하려고 했다.

이러한 분위기 속에서 영국에서는 경험론과 대륙의 합리론이 태어났다. 그리고 이를 통합하여 이성(자연법)에 의한 사회사상을 주장하는 계몽사상에 나타났다. 이어서 경험론과 합리론을 통합한 독일 관념론이 나타나고 영국의 공리주의로 전개됐다.

동양의 근대 철학은 서양의 침략과 맞물려 있다. 서구 강대국의 침략으로 인해 좋든 싫든 서구의 문화와 사상이 밀려 들어오고 이를 접하게 된 지식인들은 좀 더 실용적인 학문을 해야 한다는 깨달음을 얻는다.

그래서 중국에서는 고증학과 공양학이 생겨나고 이를 사상적 바탕으로 삼아 서구 열강에 저항하게 된다. 인도의 경우도 이와 비슷하다. 오래전부터 내려온 종교사상과 서양의 사상을 접목한 새로운 사상을 통해 서구열강에 저항한다.

제1절. 근대 서양철학

경험한 것만 믿을 수 있다, 경험론

경험론은 오직 관찰과 실험 등의 방법을 통해서 얻은 경험만이 지식의 근거가 될 수 있다고 보는 견해다. 경험론은 학문적인 추리 방법으로 개별적인 사실이나 원리에서 일반적인 사실이나 원리를 끌어내는 귀납법을 사용한다.

경험론의 대표적인 철학자는 프랜시스 베이컨, 존 로크, 데이비드 흄이다. 베이컨은 우상론을 통해 형식적이고 추상적인 삼단논법을 비판한다. 그리고 실험과 관찰을 통해 진실을 찾아야 한다고 주장했다. 베이컨이 말한 우상은 극장, 시장, 동굴, 종족 등 4가지 우상이다.

극장의 우상은 전통적인 학설이나 권위 그리고 관습을 비판 없어 받아들이는 것을 말한다. 한동안 지구 중심의 천동설이 비판 없이 받아들여진 것을 예로 들 수 있다. 시장의 우상은 확인 안 된 소문이나 상식이 그대로 받아들여지는 것을 말한다. 귀신이나 도깨비 등을 예로 들 수 있다. 동굴의 우상은 개인의 주관적 편견을 말한다. "김치는 맛없는 음식이다."와 같은 것을 예로 들 수 있다. 종족의 우상은 모든 것을 인간 중심으로 받아들이는 것을 말한다. '하늘이 슬픈지 비를 내린다.'라와 같은 것을 예로 들 수 있다.

존 로크는 사회계약설로 유명하다. 사회계약설은 국가의 권력의 원천은 국민의 동의에 두고 국민과 정부의 계약에 따라 국가 권력인 구성된다는 주장이다. 이를 주장한 학자는 로크 이외에도 홉스와 루소가 있다.

로크는 인간은 다른 사람과 어울리면서 평화를 추구한다고 생각했다. 사람들은 자연이 정해주는 권리를 누리며 사는데, 그렇게 살다 보면 자신의 자연권이 침해되고 다툼을 경험할 수밖에 없으므로 이를 조정하기 위해 국가가 필요하다고 주장했다. 그리고 주권은 국민에게 있고 정치형태는 입헌군주제가 적당하다고 생각했다.

나는 생각한다. 그러므로 존재한다, 합리론

합리론은 사람들은 누구나 인식의 능력을 타고난다고 보는 데서 출발한다. 그리고 앎(인식)의 기원을 이성으로 본다. 따라서 합리론자들은 참된 앎(인식)은 이성의 활동을 통해 더 이상 의심할 수 없이 확실한 원리를 끌어낼 수 있다고 주장한다. 그리고 학문의 방법으로 보편적인 사실이나 원리에서 개별적인 사실이나 원리는 끌어내는 연역법을 사용한다.

합리론의 대표적인 철학자는 데카르트다. 데카르트는 감각적인 경험에 의한 지식은 개인에 따라 다를 수 있다며 경험론자들을 비판한다. 따라서 데카르트는 이성에 근거하여 보편적인 지식을 탐구해야 한다고 주장한다. 그리고 진리 탐구의 방법으로 철저한 의심을 통해 진실을 인식하는 '방법적 회의'를 고안해낸다.

방법적 회의는 의심할 수 없는 기본 명제에서 출발한다. 이를 통해 데카르트는 "나는 생각한다. 그러므로 나는 존재한다."라는 유명한 말을 남긴다. 즉, 내가 생각한다는 의심할 수 없는 사실을 통해, 내가 존재한다는 보편적인 진리를 끌어낸 것이다.

또한 데카르트는 합리론을 바탕으로 한 윤리관을 드러낸다. 그는 인간을 참과 거짓을 구별하는 능력을 지닌 이성적 존재로 생각했다. 그런데 이성적인 인간이 잘못을 저지르는 것은 신체적 자극을 일으키는 정념(情念) 때문이라고 여겼다. 따라서 정념에 방해받지 않는 이성적 자유 의지의 확립과 올바른 도덕적 판단 및 실천을 강조했다. 특히 덕을 강조했는데 덕은 정념을 통제할 수 있는 가장 고결한 정신이며 자신을 존중하는 의지와 실천력이라고 주장했다.

데카르트의 뒤를 이은 철학자는 스피노자다. 스피노자는 해탈의 윤리 사상을 주장했다. 스피노자는 지성(이성)을 최대로 완성하는 것이 행복이라고 생각했다. 즉, 스피노자에게 있어서 행복이란 자연에 대한 참된 인식에서 우러나오는 마음의 평화다.

이를 바탕으로 스피노자는 행복에 이르는 과정을 설명했다. 우선, 모든 존재는 무한한 실체의 일부이며 인간의 삶도 영원의 한 부분으로서 움직이고 있다는 것을 깨달아야 한다. 그렇게 되면 정념에서 해탈할 수 있고, 이어서 자유와 기쁨을 누리며 이것이 신에 대한 사랑으로 이어진다는 것이다.

최대 다수의 최대 행복, 공리주의

산업혁명의 결과 사람들은 물질적인 풍요와 편리를 누리게 됐다. 그런데 한편으로는 자유방임주의가 등장하여 무절제한 자유 경쟁과 개인적 이익을 추구하는 현상이 나타났다. 따라서 이 문제를 해결하기 위해 개인의 이익과 전체의 이익을 조화시키는 데 관심을 둔 공리주의가 등장한다.

대표적인 공리주의자는 벤담과 밀이다. 벤담은 인간의 삶의 목적이 쾌락과 행복의 추구에 있다고 생각했다. 그래서 그는 가장 이상적인 사회의 형태를 '최대 다수가 최대의 행복을 누리는 것'이라 보았다. 한 마디로 개인적 쾌락과 사회적 공익을 조화시키려 한 것이다.

이처럼 벤담의 공리주의는 개개인의 행복을 떠나서는 사회 전체의 행복이란 있을 수 없다는 개인주의적 사회관을 가지고 최대 다수의 이익을 계산하려고 한 것이다. 따라서 벤담에게 있어 선한 행동이란 할 수 있는 한 많은 사람에게 쾌락과 행복을 주는 것이었다.

이러한 벤담의 생각은 다수결의 원칙을 발전시키는 데 큰 공헌을 했다. 그렇지만 모든 사람은 반드시 하나로 계산되어야 한다는 주장은 다수의 횡포를 가져오는 문제점을 드러내기도 했다.

밀은 양적 공리주의자인 벤담과 달리 질적인 부분을 중요시한 질적 공리주의자다. 그는 "배부른 돼지가 되기보다는 배고픈 인간이 되는 것이 더 바람직하고, 만족스러운 바보가 되기보다는 불만족스러운 소크라테스와 같은 사람이 되는 것이 더 바람직하다."라는 말을 통해 질적인 부분을 강조했다.

밀은 또한 인격적 공리주의자이기도 했다. 그는 인격의 존엄성을 바탕으로 한 쾌락의 추구가 행복의 근원이라고 강조하면서, 내적인 양심의 제재를 중요시했다. 그리고 다른 사람의 행복까지도 실현할 수 있는 '동정'과 '인애' 같은 사회적 감정을 중요시했다.

그리고 이와 같은 생각을 바탕으로 도덕의 근본을 크리스트교의 교리에서 찾았다. 특히 "네 이웃을 네 몸과 같이 사랑하라", "너희가 무엇이든지 남에게 대접받고자 하는 대로 너희도 남에게 대접하라."라는 가르침은 그대로 밀의 공리주의에 적용됐다.

실증주의와 실용주의

실증주의는 19세기 프랑스에서 영국 산업혁명의 영향을 받아 탄생했다. 과학적인 방법(실증)을 중요시하는 철학 사상으로 초경험적이고 형이상학적인 것을 부정한다. 그러므로 실제로 증명할 수 있는 것만을 참된 지식으로 본다.

실증주의의 대표적 철학자는 콩트다. 콩트는 실증주의의 창시자이자 사회학의 아버지로 불린다. 콩트는 학문의 발달을 3단계로 정의했다. 첫 번째가 신학적 단계, 두 번째가 형이상학적 단계, 세 번째를 실증적 단계로 보며 실증주의를 가장 발달한 학문으로 생각했다.

콩트는 특히 과학적 실증 방법을 바탕으로 한 윤리관을 강조했다. 그는 사회 활동을 지배하는 보편적 원리와 역사 발전의 법칙이 과학적 실증 방법에 따라 체계적으로 설명되어야 한다고 보았다. 그리고 인간의 지식과 실천을 과학적 실증 방법으로 탐구하여 새로운 사회윤리를 제시하려고 했다.

실용주의는 경험주의와 공리주의 그리고 실증주의의 영향을 두루 받은 철학이다. 실용주의는 특히 미국에서 발달했는데 미래는 이미 결정되어 있다는 결정론적 세계관을 배격하는 개척주의적 세계관으로 받아들여졌다. 실용주의는 진리 판단의 기준을 유용성으로 봤다. 그리고 진리 탐구는 과학적 방법에 따라야 하며, 신념과 같은 것도 검증에 따라 객관화돼야 한다고 봤다. 이처럼 철저하게 실용성을 따졌기 때문에 실용주의는 진리조차도 위기와 문제를 해결하기 위한 하나의 도구로 봤다.

실용주의자의 대표적인 철학자는 듀이다. 그는 도구적 실용주의를 주장했다. 듀이는 지식을 환경에 효과적으로 적응하고 문제를 해결하며, 환경을 개선하고 개조하기 위한 하나의 도구로 봤다. 따라서 지식이 그 구실을 하지 못할 때는 마땅히 수정되어야 한다고 했다.

듀이는 이런 생각을 바탕으로 미래의 결과를 예측하고 대처하기 위해서는 우리의 환경을 어떻게 개선하고 개조해야 할 것인가를 제시하는 창조적 지성이 중요하다고 강조했다. 따라서 교육의 경우 학생 스스로 문제를 발견하고 해결 방법을 탐구할 수 있도록 도와줘야 한다고 주장했다.

독자적인 철학을 완성한 독일의 관념론

독일 관념론 하면 자연스럽게 칸트가 떠오른다. 칸트는 "내용 없는 사상은 공허하고 개념 없는 직관(直觀)은 맹목(盲目)이다."라고 하며 경험론과 합리론을 모두 비판한다. 그리고 우리가 아는 지식은 이성과 경험을 통해 주관적으로 구성된다고 주장한다. 이러한 칸트의 주장은 기존의 인식론과는 완전히 다른 것이었다.

칸트는 '현상계(現象界)'와 '본체계(本體界)' 두 개의 세계를 내세움으로써 이원론의 한계에 부딪히게 된다. 그리고 결국 현상계보다는 본체계를 더 강조하게 되면서 관념론을 전개했다.

칸트는 지식이란 살면서 겪게 되는 경험과 선천적으로 주어지는 경험인 이성을 통해 얻을 수 있다고 주장했다. 이에 따라 인식의 대상인 현상은 경험 가능하고 현상에 대해 참된 인식이 성립되기까지 주체적으로 작용하는 감성, 오성, 이성은 선천적으로 주어진 능력으로 보았다. 칸트는 바로 선천적으로 주어진 능력인 감성, 오성, 이성을 통해 진리를 파악하고자 한 철학자다.

칸트는 따르면 감성은 외부로부터 자극을 받아들이는 수동적인 수용 능력이다. 그리고 오성은 감성이 받아들인 지각에 관해서 능동적으로 생각하는 능력이다. 또한 이성은 초경험적인 것을 추리하는 능력으로 파악했다.

칸트의 비판이론 중 가장 유명한 비판은 실천이성 비판이다. 칸트에 따르면 실천이성의 명령은 조건적인 명령이 아니라 무조건적 명령, 즉 무조건 선을 행하라는 명령이다.

칸트는 실천이성이 세 가지를 요청한다고 생각했다. 그 세 가지는 자유, 영혼, 신이다. 특히 신이 필요하다고 한 점이 독특하다. 그 이유는 세상은 항상 공평한 것이 아니라 모순투성이고 불합리해서 그것을 조정하고 심판해 줄 신이 있어야 한다는 것이다.

이러한 칸트의 비판 철학은 독일 철학 전반에 큰 영향을 끼쳤다. 그리고 피히테와 헤겔로 이어지는 독일 관념 철학의 선구자적인 역할을 한다.

역사는 정반합의 과정을 거쳐 발전한다

헤겔은 칸트의 뒤를 이어 독일 관념론의 꽃을 피운다. 헤겔은 정신을 우주의 근원으로 보고 정신의 발전을 체계화했다. 헤겔은 정신을 3단계로 구분했다. 첫째가 주관적 정신이고, 둘째가 객관적 정신, 셋째가 절대적 정신이다. 헤겔은 이 중에서 절대 정신이야말로 생성과 발전의 과정을 만들어내는 최고의 원리라고 생각했다. 즉, 역사란 이성의 최고 단계인 절대정신(세계정신)을 향해 끊임없이 발전해 간다는 것이다.

헤겔은 이처럼 궁극적 목적을 향해 나아가면서 개인과 국가는 갈등하기도 하고 상승작용 일으키기도 한다고 봤다. 헤겔은 개인과 국가가 조화를 이루었던 시대를 그리스 시대라고 생각했다. 그리고 근대는 이것에서 좀 더 발전하여 인간이 국가 이성에 순응하지 않고 개인의 자립으로 이루어진 세계라고 규정했다. 따라서 개인의 자유가 확대되면 확대될수록 역사는 점점 진보하는 것이며 이런 흐름은 필연적이라고 생각했다. 이런 점에서 헤겔은 진보주의적 역사관을 가지고 있다고 볼 수 있다.

헤겔의 진보주의적 역사관을 뒷받침 하는 이론이 바로 변증법이다. 헤겔은 인식이나 사물은 정(正)→반(反)→합(合)의 3단계를 거쳐서 전개된다고 생각하였으며 이 3단계 전개를 변증법이라고 생각했다.

예를 들어 '운동은 건강에 좋다. 그러나 과격한 운동은 건강에 해롭다. 따라서 과격하지 않은 운동을 하는 것이 건강에 좋다.'는 결론을 끌어냈다고 하자. 여기서 '운동은 건강에 좋다.'는 것은 기존의 정립에 해당한다. 그런데 여기에 맞서 '과격한 운동은 건강에 해롭다'라는 반정립이 등장한다. 그런데 이것 때문에 '운동은 건강에 좋다.'는 정립이 완전히 부정되는 것은 아니다. 이를 통해 우리는 '과격하지 않은 운동을 하는 것이 건강에 좋다.'는 앞의 두 정립보다 좀 더 발전된 종합적인 정립을 할 수 있게 되는 것이다. 이렇게 정반합의 과정을 통해 발전적인 결론을 끌어내는 것이 변증법의 목적이다.

　헤겔의 변증법적 역사관은 나중에 마르크스에게 이어져 변증법적 유물론을 낳게 한다. 그리고 변증법적 유물론은 공산주의에 이론적 바탕을 제공하게 된다.

제2절. 근대 동양철학

사실에 근거하여 진리를 탐구한 고증학

한나라와 당나라 시대를 '훈고학의 시대', 송나라와 명나라의 시대를 '성리학의 시대'라고 부른다면, 청나라 시대는 '고증학의 시대'로 부를 수 있을 것이다. 고증학이란 일종의 문헌학이다. 주로 문헌을 통한 고증으로 문자, 음운, 훈고 등을 연구하고, 다시 그것을 통해 고전을 정비하고 해명하는 학문이다.

청대 고증학의 선구자는 황종희, 고염무, 왕부지 등이다. 이중 황종희는 역사학에 밝았다. 황종희의 학문은 그와 같은 고향 출신의 역사학자들에게 이어져서 장학성 등에게로 이어진다. 왕부지는 대진과 함께 청대 최고의 학자로 일컬어지지만, 호남 지방에 고립되어 있었기 때문에 그의 학문이 후대에 직접적인 영향을 끼치지는 못했다.

고염무는 경학과 소학(문자학)에 해박했고, 특히 그의 저서 《일지록(日知錄)》과 《음학오서(音學五書)》는 고증학의 선구를 이루는 중요한 책이었다. 고염무의 뒤를 이어 염약거, 호위 등 훌륭한 학자들이 잇달아 출현하여 고증학의 기반을 다지게 된다.

청대 고증학의 전성기는 대략 1723년에서 1795년 사이다. 이 시기 가장 대표적인 학파는 '오파(吳派)'와 '환파(晥派)'다. '오파'의 시조는 혜동이며, 그의 제자 가운데 고증학의 방법을 역학에까지 도입한 전대흔과 왕명성이 있다.

'환파'의 학자 중 가장 주목할 만한 이는 청대 최고의 학자로 평가받는 대진이다. 대진은 문자훈고에서 출발하여 경서를 풀이하고, 그리고 여기에서 경서의 진정한 정신을 발견하고자 하는 고증학의 방법론을 확립했다.

환파 이후 고증학은 그 성장의 한계점에 이르게 되며, 전 시대와 같은 뛰어난 성과는 이루지 못한다. 그러나 여전히 많은 학자를 배출하게 되며, 특히 청나라 말에 고고학의 연구가 진전됨에 따라 그 연구 성과를 이용하여 실증적인 고대 문헌 연구가 이루어지게 됐다. 그리고 사회과학적인 방법이 도입되어 새로운 분야에 관한 연구도 활발히 이루어졌다.

청대 사상은 주관적이고 신비적이었던 전 시대의 학문 경향에 반발하여, 객관적이고 실증적 학문을 발전시켰다. 이러한 청대 학문의 경향은 학문에 있어서 근대화로 나아가는 과정이라고 할 만큼 중국 철학사에 있어서 중요한 의미가 있다.

고증학은 정치적 억압으로 한족 출신의 지식인들을 문헌 속으로 빠져들도록 만들었다. 그러나 비판적인 실사구시(實事求是, 사실에 기초하여 진리를 탐구하려는 태도) 정신은 당시까지 무조건적 권위를 갖고 있던 경서들까지도 객관적인 고증과 비판의 대상으로 삼았다.

청대 사상은 중국 수천 년의 사상을 중국식으로 마무리 짓는 사상이라고 할 만큼 중국적 특성을 품고 있다. 마치 청나라 말기에 서구사상과 어울림을 예언이나 한 듯 그들 특유의 사상을 종합적으로 정리하고 연구해서 하나의 커다란 획을 긋는다.

실천적 학문으로써의 공양학

청대 고증학자에 의해 수많은 고전문헌이 정리되어 경서 연구에 새로운 길을 열었다. 그러나 고증학은 매우 전문적인 학문을 위한 학문으로, 현실에는 큰 도움이 되지 못했다. 이 때문에 19세기 중엽, 사회가 혼란해지고 열강의 침략이 시작되어 청 조의 지배체제가 동요하기 시작하자 학문의 본질에 대해 심각한 반성을 한다. 그리고 실천에 도움이 되는 학문을 추구하게 된다. 이런 분위기 속에서 탄생한 것이 공양학이다.

공양학의 명칭은 공자의 《춘추(春秋)》에 대한 세 가지 해석중에서 《공양전(公羊傳)》을 표준으로 삼은 데서 붙여졌다. 《좌씨전(左氏傳)》은 역사적 사실을 중시하는 견해로 고문으로 기록되어 있고, 《공양전》과 《곡량전(穀梁傳)》은 사실의 뒤에 숨은 공자의 이념을 중시하는 태도로 금문(今文)으로 적혀 있다. 공양학파는 고문을 부정하고 오로지 금문에만 의존하여 자유로운 해석과 새로운 이념을 내세웠기 때문에 '금문학파'라고도 한다.

공양학의 가장 큰 공헌은 변법자강운동의 이론적 바탕을 제공해 줬다는 데 있다. 실학에 실증적 요소가 첨가되어 공양학으로 발전하기까지 개혁적인 면이 더 추가되어 변법자강운동이 일어났다.

변법자강운동은 중국이 청나라 말기에 유럽 등 서양의 강국, 일본 등에 의해 반식민지 상태일 때 고증학과 공양학을 계승한 학자들이 입헌군주제를 목표로 근대화 운동을 펼친 것을 말한다. 우리나라로 예를 들면 갑신정변과 비슷한 성격을 가졌다고 볼 수 있다. 그래서 변법자강운동의 이론은 고증학을 발전시킨 공양학이라고 볼 수 있는 것이다.

강유위 등 공양학의 사상운동 속에는 유교를 서양 사회에서 차지하는 기독교의 위치와 대비시켜, 유교를 서양에서의 기독교적 지위에로까지 높이려는 경향이 있었다. 이러한 사실들은 청나라 말에 공양학자들이 서양의 정치사상 및 사회사상의 영향을 받았음과 동시에 기독교사상의 영향을 받았음을 말해준다. 그러나 기독교가 일반 민중들에게 적극적 영향을 끼친 것과는 달리, 중국의 지식인들에게는 이후 별다른 영향을 미치지 못했다. 다만 선교사들에 의해 이루어진 기독교의 전래사업이 서양 문화를 수용하는 결과를 가져왔다.

저항운동의 바탕이 된 인도 근대 철학

인도를 지배한 영국인들은 서양 문화나 과학의 우수성을 알리기 위해 학교를 설립하고 영어로 근대식 교육을 시행했다. 이러한 교육은 많은 인도인에게 혜택을 주지는 못했지만, 소수 지성인에게는 적극적으로 받아들여졌다. 이렇게 해서 영어를 통한 근대적인 교육은 인도인들에게 합리적인 사고와 새로운 사회적 원리 및 가치관을 제시해 주었다.

영어교육을 통해 깨어난 지식 계층은 영국의 지배에 의문을 품고 자유를 외치기 시작했다. 영어와 더불어 통치상의 편리함을 위해 도입된 철도나 전신, 근대적인 우편제도, 인쇄 및 출판의 발달 등은 오랫동안 각 지방에 고립되어 있던 지식인들을 연결해주는 역할을 해냈다.

19세기 전반에는 기독교의 전파와 더불어 서구식 근대 교육

을 받은 새로운 지식인들 사이에서 민족 자각 의식이 싹트기 시
작했다. 그리하여 그들은 과거 인도에 관한 관심을 부활시키고
인도 사회의 폐단을 없애기 위해 여러 가지 종교적, 사회적 개
혁을 시도했다. 이러한 개혁운동은 콜카타를 중심으로 하는 벵
골 지방에서부터 시작됐다.

무소유, 비폭력을 실천한 간디

간디는 인도 독립의 아버지이자 위대한 사상가로 추앙받고 있
는 사람이다. 그는 18세에 영국으로 건너가 유학하면서 신약성
서를 접하고 교회에 다니기도 했다. 그곳에서 새로운 생활에 접
한 간디는 오히려 인도인으로서의 정체성을 깊이 깨달았다.

　간디는 27세 때 다시 인도에 돌아와서 바네르지, 라나데, 고
칼레, 틸락 등을 만났는데, 특히 고칼레의 영향을 많이 받아 그
의 제자가 됐다. 간디는 틸락이 죽은 뒤에 국민회의파의 지도자
가 됐다. 그는 전 인도에서 영국에 대한 저항운동이 거세게 일
어나자 전 인도적 국민운동의 선두에 서서 비폭력 무저항주의
로 영국제품 불매 및 국산품 애용 운동 등의 범국민적 운동을
펼쳤다.

　1948년 간디는 힌두교와 이슬람교의 융합을 반대하는 힌두

교도 청년이 쏜 총에 맞아 79세로 세상을 떠났다. 그는 마하트마(위대한 영혼)라는 칭호를 얻을 정도로 여전히 성자로까지 추앙받고 있다.

간디는 1914년부터 국민회의파의 지도자로서 인도 민족을 위해서 활동하였는데, 그의 활동은 진리 추구에 바탕을 두었다. 종교와 철학과 논리가 하나가 된 그의 인생 활동은 바로 사트야그라하에서 나온 것이다. 사트야그라하의 주된 내용은 진실, 비폭력 또는 비협력, 순결, 무소유다.

그리고 진실이란 행위, 언어, 사상에서의 참된 것을 말하며, 이는 일상적 진실 혹은 성실을 뜻하는 것이다. 진실이란 진리와도 통하는 것이다. 간디는 자신이 생각하고, 말하고, 행동하는 모든 것이 진리에 맞는 사람이 가장 아름다운 사람이라고 주장했다.

간디 사상의 핵심은 비폭력에 의한 무저항주의다. 간디의 비폭력주의는 인간의 사이의 믿음과 사랑을 바탕으로 한다. 따라서 그의 비폭력주의는 소극적이고 무력한 투쟁 방법이 아니라, 인간이 인간의 존엄성을 회복하고 완성하려는 휴머니즘이라고 할 수 있다.

그러나 비폭력이라고 해서 무저항주의란 말을 쓰는 것을 오해를 불러일으킬 수 있다. 간디는 옳지 않은 것에 대해 저항하지 말자는 것이 아니라고 분명히 말했다.

오히려 그는 죽어도 저항하고 싸우자는 주의다. 다만 폭력, 곧 사나운 힘을 쓰지 말자는 주의다. 그러므로 좀 더 자세히 말하면 비폭력 저항 주의라고 할 수 있다. 간디는 폭력이 아닌 혼의 힘으로 저항할 것을 주장했다. 간디는 인도인들의 혼의 힘으로 독립을 위한 투쟁을 전개하여 나갈 수 있도록 길을 열어준 것이다.

순결이란 자제 또는 자기 정화라고 할 수 있다. 순결은 진리를 탐구하도록 올바른 행위를 부여하여 진리 추구가 실현되도록 한다는 것이다. 그러므로 순결의 완전한 실천은 곧 진리 실현인 것이다. 간디는 순결의 한 방법으로 단식을 자주 했다.

간디가 무소유를 실천한 것은 진리를 탐구하려는 자는 장래를 위해 아무것도 소유해서는 안 된다고 생각했기 때문이다. 신은 우리에게 필요한 것만을 만들고, 그 이상의 것은 만들지 않았으므로 인간이 필요한 것만 소유한다면 누구도 부족함을 느끼지 않는다고 생각했다.

간디가 내세운 비폭력은 자이나교의 영향을 받은 것이고, 그를 진리의 실천가로 만든 것은 바가바드기타의 영향이었다. 이같이 간디는 진리라는 평화적인 수단으로 인도의 독립과 발전을 꾀했다. 그의 정치활동은 종교를 현실 세계에서 실현하려는 바탕에서 이루어졌다는 점에서 위대한 사상가로 인정받고 있다.

세상의 모든 것을 하나로 본 타고르

라빈드라나트 타고르는 인도가 낳은 세계적인 시인이며, 탁월한 예술가이자 사상가다. 그는 데벤드라나트 타고르의 아들로 벵골의 훌륭한 교양 있는 가정에서 성장했다. 그는 어려서부터 남다른 시적 재능을 발휘했으며, 베이슈나파의 '체이탄야' 시를 좋아했다고 한다. 1913년에는 시집 '기탄잘리(Gitanjali)'로 아시아인으로서는 처음으로 노벨 문학상을 받았다.

1921년에는 샨티니케탄에 비시바 바라티 대학을 세워 세계 동포애와 문화교류의 이상을 실현하고자 했다. 그는 여러 나라를 순방하면서 물질만능주의의 폐해를 강조하였고, 또한 전 인류의 정신적 유산을 일깨워 주었다.

타고르는 우리나라에서 사상가로서보다는 시인으로서 잘 알려져 있다. 타고르가 일본의 초청을 받아 방문하던 중에 한국인에게 커다란 희망과 빛을 던져 주었기 때문이다.

> In the golden age of Asia
> Korea was one of its lamp bearers
> And that lamp is waiting to be lighted once again
> For the illumination of the East.

일찍이 아시아의 황금 시기에
빛나든 등불 하나인 조선
그 등불 다시 한번 켜지는 날에
너는 동방의 밝은 빛이 되리라.

—타고르의 시 '동방의 등불'

　타고르의 시상에 바탕이 되는 사상은 만물이 하나라는 사상
이다. 이 세상에 존재하는 인간도 동물도 식물도 세계도 절대자
브라만의 창조 작용으로 나타났다는 것이다. 즉 현상세계의 모
습은 신이 창조한 것이므로, 거기에는 아름다움의 조화가 있다
고 한다.

　타고르는 모든 존재는 같은 생명을 가졌다고 생각했다. 따라
서 타고르에게 사물은 근본적으로 다른 것이 아니었다. 그것은
단지 서로 다르게 드러나 있음에 지나지 않는다. 그러므로 그에
게는 모든 종교도 통일된 영원한 하나의 생명관 속에서 조화를
이룬다.

　절대자 브라만은 비인격적인 것이지만, 창조를 행하는 경우
최고의 인격으로 불러야 마땅하다는 것이다. 따라서 브라만은
비인격자가 아니고 '너'라고 하는 이인칭으로 불리는 것이며,

살아서 우리 앞에 보이는 인격신이다.

타고르의 눈으로 볼 때, 이 세상에는 하찮은 존재란 없으며, 모든 현상은 신의 조화 속에서 아름다운 통일체로 존재하는 것이다. 그래서 그는 "미는 진리다. 진리는 미다."라고 했다.

타고르는 통일된 창조의 조화 속에서 아름다움을 발견하여, 이것이 이 세계의 참된 모습이라고 했다. 타고르는 이러한 조화된 통일창조의 세계를 알기 위해서는 이 세계와 내가 완전히 하나로 합쳐져야 한다고 했다. 이는 우파니샤드 철학의 영향이다. 우파니샤드는 타고르의 철학의 기본을 이루고 또 문학 예술론의 근본이 되었다.

타고르는 또한 베단타의 일원론 사상을 받아들이기도 했다. 그러나 세계를 단지 '환상(maya)'으로 보지는 않는다. 신은 세계 속에서 자신을 나타내며 자연의 신비와 아름다움을 통하여 인간은 신의 힘을 깨달을 수 있음을 강조한다. 타고르는 이러한 세계를 시의 세계로 승화해 기탄잘리에서는 사랑과 아름다움으로 신을 찬미했다. 따라서 타고르의 예술세계는 철학과 종교가 어우러진 세계로 볼 수 있다.

카페에서 읽는 서양사상

—

초판 1쇄 발행   2024년 5월 24일

지 은 이   리소정
펴 낸 이   김채민

펴 낸 곳   힘찬북스
출판등록   제410-2017-000143호
주   소   서울특별시 마포구 망원로 94, 301호
전화번호   02-2272-2554   **팩스번호**   02-2272-2555
전자우편   hcbooks17@naver.com

—

—

ISBN 979-11-90227-40-7 03160

—